引爆视频号，就这么简单

朱少锋·著

2020年年初，抖音、快手、B站等短视频平台红利逐渐消退，出现涨粉艰难，变现能力降低，用户审美疲劳等诸多问题。而此时，视频号的横空出世，基本宣告短视频已经进入发展的下半场。

尽管视频号才刚刚诞生一年多，却早已"功绩赫赫"：许多"野生玩家"已经做到单条视频带货超10万元佣金；某"大V"视频号直播带货销售额已超过180万元；某教育博主通过打通公众号与视频号，仅打赏收入就破万元。

这些真实案例告诉我们：视频号是微商、创业者、企业运营人员赚取第一桶金的绝佳选择。

本书从视频号价值分析、基础入门方法、内容打造方法、拍摄剪辑方法、涨粉引流方法到商业变现方法，都进行了详细阐述，并对一批早早通过视频号获利的先行者们的运营方法进行了深刻剖析，即便是互联网"小白"也能从中掌握视频号运营全过程中的技巧，通过运营视频号实现财务自由。

图书在版编目（CIP）数据

引爆视频号，就这么简单 / 朱少锋著 . —北京：机械工业出版社，2021.6
ISBN 978-7-111-68523-4

Ⅰ.①引… Ⅱ.①朱… Ⅲ.①网络营销 Ⅳ.① F713.365.2

中国版本图书馆CIP数据核字（2021）第120452号

机械工业出版社（北京市百万庄大街22号　邮政编码　100037）
策划编辑：刘怡丹　责任编辑：刘怡丹　李佳贝
责任校对：李　伟　责任印制：张　博
保定市中画美凯印刷有限公司印刷
2021年7月第1版第1次印刷
170mm×230mm • 13.75 印张 • 161 千字
标准书号：ISBN 978-7-111-68523-4
定价：69.80 元

电话服务	网络服务
客服电话：010-88361066	机　工　官　网：www.cmpbook.com
010-88379833	机　工　官　博：weibo.com/cmp1952
010-68326294	金　书　网：www.golden-book.com
封底无防伪标均为盗版	机工教育服务网：www.cmpedu.com

视频号,大有可为

2019年年底我就从朋友处得知,微信将开通一个短视频平台。彼时,大众对于视频号众说纷纭:

抖音、快手、B站,哪个不比视频号火爆?短视频行业已经稳定下来了,视频号只能挑别人剩下的玩;

微信的用户基数虽大,但却不是视频号的用户。年轻人都在玩抖音、快手、B站,老年人才玩视频号吧;

微信在人们的印象中就是用来社交和支付的,这个用户习惯很难被改变,让人们用微信来"刷"短视频,这不太可能吧;

……

这些言论听起来似乎有些道理,无一不在论证着:视频号没有未来。

但在运营过程中,我发现事实并非如此。

早先运营短视频,抖音是一个不错的选择,但随着抖音的不断发展,我发现现在的抖音似乎"变了":

最初分享真实生活的短视频越来越少,取而代之的是越来越多同质化的"剧本"类短视频;

"涨粉"越来越慢,一条观看量上百万的短视频,涨粉量只有几千;

头部"网红"们占领了流量市场,这让刚进入的创业者们很难熬出头;用户失去新鲜感,对短视频内容要求很高……

我与其他抖音运营者们交流之后得知,创业者们深深的焦虑:抖音的红利期正逐渐消失。

2020年10月9日,抖音直播正式切断和第三方平台的合作,开始打造自己的封闭生态系统,这预示着抖音的红利敞口正式关闭。商家、创业者或企业,想要在流量竞争白热化的抖音上"分一杯羹",显然已经异常艰难了。

与此同时,微信团队开始奋起直追,跑步进场,视频号横空出世。于是,在视频号刚刚开放内测时,我便抱着试一试的心态入驻了视频号。

当我沉浸其中,一边肆意发挥才智打造内容,一边欣喜于巨大收获的同时,视频号也在迅速迭代着。短短半年多,微信视频号就集齐了"十八般武艺",这在整个微信的历史上都是没有过的迭代速度。

微信生态圈内的所有权限几乎都逐渐被打开。

2020年1月,视频号开始灰度测试;

2020年2月,视频号进入试运营阶段;

2020年6月,视频号大改版,将顶部栏目分成"关注""朋友""附近""推荐"四大信息流板块;

2020年7月,视频号改版升级,新增"浮评"和"暂停"功能,支持卡片形式分享朋友圈;

2020年8月,"视频号助手"内测,新增"私信""私密账户"功能;

2020年9月,视频号接入"搜一搜","视频号推广"小程序上线,"视频号助手"电脑端全面上线;

前 言

2020年10月，视频号功能迭代大爆发，视频号与微信小商店打通，支持30分钟以内长视频，公众号支持插入视频号动态卡片，"视频号助手"数据中心上线；

2020年11月，朋友圈可置顶视频号直播，新增"朋友在看的直播"板块；

2020年12月，进行大规模改版，视频号直播连麦功能上线，新增美颜和滤镜功能，用于支付视频号直播中虚拟礼物的微信豆蓄势待发，视频号搜索图标转移至右上角，视频号主页添加标签过滤功能；

2021年1月，微信8.0版本更新，视频号玩法更加多样，例如打通了"附近"功能，开辟了"直播与附近"功能；视频号内容支持全屏播放，更加具有沉浸感；评论区文案置顶；视频号视频播完第二遍显示"关注"按钮；新增"音乐视频"板块；显示热门搜索榜单；微信红包封面打通视频号等；

2021年2月，微信电脑端测试版围绕视频号展开更新，用户不仅可以直接观看聊天记录中分享的视频号，菜单按钮还增加了"视频号直播"的功能入口，支持多种画面输入，电脑、苹果手机以及安卓手机均可作为内容源进行直播，且能在直播中实现多源画面快速切换，麦克风降噪，画面设置等功能；

2021年3月月底，微信再次完善视频号相关播放功能，时长超过1分钟的视频将被系统定义为长视频，支持"倍速播放"与"发送弹幕"两种新功能；直播内容可以直接投屏观看，且支持关闭摄像画面的有声直播，可选择想要的音乐作为直播BGM（背景音乐）。

可以说，视频号是微信团队在多次试错迭代后面向普通用户的又一次革命性突破，是继朋友圈之后微信最重要的一次升级。选择好的赛道能够决定最终名次，与其困在抖音中艰难地等待熬出头，不如在一个开放的内容生态里提早布局。

我与视频号共同成长着，也以亲身经历证明了视频号并非没有未来。

很多人会担心，自己现在入局视频号是否为时过晚。因为一方面，许多拥有不错粉丝基础的"大V"和MCN（Multi-Channel Network，多频道网络）机构已经走在了前面；另一方面，视频号的开放是分批次进行的，许多用户已经入驻并运营了一段时间视频号。这些都让很多创业者们不禁心生疑问："我还有机会吗？"

事实上，现在正是入局视频号的好时机。在我看来，微信视频号目前已成长为成熟的私域流量变现工具，是微信众多直播平台中生态最好的直播平台，原因如下。

第一，视频号背靠微信，拥有12亿月活跃人数，称得上中国的"国民App"，流量基础深厚，用户基数庞大。

第二，视频号并不像抖音、快手等短视频平台一样，将流量倾斜给头部"网红"，视频号一直致力于打造一个"人人皆可创作"的共赢型短视频平台，对创业者们拥有一视同仁的扶持政策。

第三，视频号玩法众多，与整个微信生态圈相辅相成，至少拥有11个变现模式。包括"视频号+广告""视频号+直播""视频号+MCN""视频号+知识付费""视频号+电商""视频号+私域流量""视频号+公众号"等，而这些玩法、模式统统亟待挖掘，需要更多创业者们涌入进行实践。

正所谓"流水不争先，争的是滔滔不绝"。无所谓先一步、晚一步入局视频号，只要坚持打造高质量内容，最终都将有所得。

本书结合我运营视频号的经验，以及与众多视频号大V博主沟通、交流所得，在五个方面对视频号进行了细致阐述，包括视频号价值分析、视频号运营基础入门方法、视频号内容打造过程、视频号5大引流思路整理和5大变现方式，旨在为在视频号门前徘徊，不敢贸然迈进的创业者们提供宏观思路，明晰视频号发展现状及未来趋势，使创业者能够真正透彻地理解视频号的运营法则，在视频号中掘金。

本书具有以下特色。

【案例翔实，生动形象】

本书列举了大量案例，对优秀视频号运营者进行了深刻剖析，总结了大量"前人"的经验，能够给视频号运营者带来一定的启发。

【操作性强，指导作用显著】

本书中大部分内容属于具有明显指导意义的方法论，读者阅读后能够马上投入实践中去，操作性极强。

【与时俱进，站在时代前沿】

本书采用最新的数据、案例，结合视频号的最新玩法、功能，与时俱进，给予读者最有用的指导。

当然，视频号目前仍处于快速迭代期，其玩法和模式未来将往哪个方向演化，我们不得而知。但我仍对视频号满怀希望，拥有诸多红利的视频号，未来可期，大有可为。

朱少锋

2021.5.20

目录 / Contents

前言

第 1 章　价值分析：视频号凭什么主导短视频下半场 / 001

1.1　内外兼修，短视频下半场红利风口 / 001

　　1.1.1　短视频下半场，滋养视频号成长的"市场土壤" / 001

　　1.1.2　微信的战略级武器，叩开红利大门 / 005

1.2　三引擎推荐，视频号出圈关键 / 012

　　1.2.1　社交推荐机制：熟人关系的深层渗透 / 012

　　1.2.2　官方流量分配机制：长尾效应的反复激发 / 014

　　1.2.3　个性化推荐机制：个人标签的全方位打造 / 015

1.3　私域联动，强化整个微信生态圈的吸引力 / 019

　　1.3.1　视频号 + 公众号，高效引流 / 019

　　1.3.2　视频号 + 社群，稳固粉丝 / 023

　　1.3.3　视频号 + 直播，放大价值 / 024

　　1.3.4　视频号 + 小程序，迅速转化 / 026

　　1.3.5　视频号 + 搜一搜，精准引流 / 028

　　1.3.6　视频号 + 朋友圈，广泛营销 / 029

1.4　差异突出，形成独特竞争力 / 030

　　1.4.1　视频号比拼抖音：社交属性比拼算法主导 / 031

　　1.4.2　视频号比拼快手："中年大叔"比拼"老铁 666" / 032

1.4.3 视频号比拼B站:"三次元"比拼"二次元" / 034

1.5 视频号未来发展趋势 / 036

  1.5.1 平台功能逐渐完善 / 036

  1.5.2 中长视频崭露头角 / 037

  1.5.3 直播持续发力 / 039

第2章 基础入门:奠基操作,助力视频号"大V"初长成 / 041

2.1 视频号的开通与认证 / 041

  2.1.1 视频号开通方法 / 041

  2.1.2 视频号认证方法 / 043

2.2 视频号"装修"指南 / 048

  2.2.1 名字:过目不忘 / 049

  2.2.2 头像:辨识度高 / 051

  2.2.3 简介:记忆点强 / 056

2.3 视频号作品发布步骤 / 060

  2.3.1 第一步:选择"发表视频"/ 061

  2.3.2 第二步:选择视频来源 / 062

  2.3.3 第三步:添加文案、背景音乐和裁剪视频 / 062

  2.3.4 第四步:选择视频封面 / 063

  2.3.5 第五步:添加描述 / 064

  2.3.6 第六步:添加活动、所在位置和扩展链接 / 065

2.4 视频号拍摄"三部曲"/ 065

  2.4.1 拍摄前:做好充足准备 / 066

  2.4.2 拍摄中:巧用拍摄手法 / 069

2.4.3 拍摄后：掌握剪辑知识 / 075

第3章 内容打造：聚焦垂直领域，做视频号用户爱看的短视频 / 078

3.1 新人做视频号，第一步是找准定位 / 078

    3.1.1 什么是视频号定位 / 079

    3.1.2 视频号内容定位：做什么 / 081

    3.1.3 视频号市场定位：对标谁 / 083

    3.1.4 视频号用户定位：给谁看 / 085

3.2 视频号用户偏爱的6大内容选题方向 / 090

    3.2.1 知识性内容：有用才是硬道理 / 090

    3.2.2 趣味性内容：快乐高于一切 / 092

    3.2.3 生活化内容：在平淡中感悟美好生活 / 094

    3.2.4 情感类内容：从共鸣到共情 / 095

    3.2.5 时政热点类内容：有话题才有市场 / 097

    3.2.6 民生类内容：与用户联系紧密 / 098

3.3 视频号内容策划的3大方法 / 100

    3.3.1 基础篇：还原法，还原爆款视频逻辑 / 100

    3.3.2 进阶篇：拓展法，挖掘深层关系 / 103

    3.3.3 高阶篇：产品经理法，使内容策划常态化 / 105

3.4 视频号运营者打造爆款内容的4个关键点 / 108

    3.4.1 稳定输出，坚持更新 / 108

    3.4.2 原创优先，保证质量 / 110

    3.4.3 深挖垂直，体现差异 / 112

    3.4.4 立足微信，整体布局 / 113

第4章 涨粉引流：精准裂变，让视频号粉丝量爆炸式增长 / 116

4.1 微信生态圈引流：冷启动利器 / 116
4.1.1 好友、社群和朋友圈分享 / 116
4.1.2 公众号流量导入 / 119
4.1.3 直播流量导入 / 121
4.1.4 搜索引流 / 122

4.2 矩阵引流：打造账号互推联盟 / 125
4.2.1 何为视频号矩阵 / 125
4.2.2 视频号矩阵模型选择 / 129
4.2.3 矩阵账号的运营技巧 / 132
4.2.4 矩阵账号常见问题及解决措施 / 134

4.3 评论区引流："软"着陆 / 136
4.3.1 评论区引流技巧 / 136
4.3.2 评论区引流注意事项 / 140

4.4 官方引流：获得视频号官方流量扶持 / 142
4.4.1 参与视频号官方话题 / 143
4.4.2 关注"微信视频号创造营" / 143

4.5 热度引流：取"他山之石" / 144
4.5.1 借助热点话题引流 / 144
4.5.2 借"大V"热度 / 148

4.6 创始人出镜引流：最大化触发社交推荐机制 / 150
4.6.1 创始人自带影响力 / 150
4.6.2 打造专属企业文化 / 151

第5章 商业变现：创造"刚需"，通过视频号挖掘"第一桶金" / 154

5.1 直播变现：带货标配 / 154

5.1.1 视频号直播的很强变现能力 / 154
5.1.2 视频号直播的两种变现方式 / 157
5.1.3 直播前：预热 + 选品 + 脚本策划 / 161
5.1.4 直播中：销售话术 + 福利 / 172
5.1.5 直播后：复盘 + 总结 / 176

5.2 知识付费：前景可观 / 179

5.2.1 课程变现：售卖专业课程 / 179
5.2.2 文章价值变现：付费阅读、打赏 / 182
5.2.3 咨询变现：提供咨询服务 / 185
5.2.4 版权变现：授权或转让版权 / 187

5.3 广告变现：直截了当 / 188

5.3.1 广告变现的3大来源 / 188
5.3.2 广告变现的3种形式 / 190
5.3.3 如何平衡广告变现和用户体验 / 196
5.3.4 广告变现的"禁区" / 198

5.4 私域流量变现：商家红利 / 200

5.4.1 微商变现：打通微信私域流量 / 200
5.4.2 企业变现：提升企业品牌影响力 / 202

后记 / 205

价值分析：
视频号凭什么主导短视频下半场

"你方唱罢我登场"，当短视频行业进入发展的下半场，其时机、规则和动向都出现了新的变化。分析局势，无论是外部市场环境，还是内部发展机会，对于视频号而言都是大有裨益，视频号成为新的红利风口，指日可待。

1.1 内外兼修，短视频下半场红利风口

2017年，短视频行业迅速崛起，从抢占年轻人的手机屏幕开始，逐渐向更大圈层渗透。不知从何时起，年龄超过45岁的人群，也开始大量使用短视频软件。2020年，随着微信视频号的横空出世，此前几乎被抖音、快手等短视频软件瓜分的短视频市场，开始产生新的格局。

1.1.1 短视频下半场，滋养视频号成长的"市场土壤"

短视频是一种新兴的互联网内容传播方式，通常是指时长在5分钟以内的视频。其较低的生产和理解门槛、兼具娱乐性和社交性、传播速度快等特质，让它很快在年轻人中流行起来。

在这个巨大的短视频市场中，视频号之所以被万众期待，被寄予厚望，与外部环境有着莫大的关联。

1. 市场规模庞大，国民接受度变高

根据中国互联网络信息中心（CNNIC）报告显示，截至2020年12月，我国短视频用户规模为8.73亿。而根据CNNIC发布的第47次《中国互联网络发展状况统计报告》显示，截至2020年12月，我国网民规模达9.89亿，手机网民规模达9.86亿。这也就意味着，短视频用户规模占手机网民规模的88%以上。

短视频软件已成为国民常用软件，几乎是"装机必备"。哪里有流量，哪里就有市场。这是如今互联网行业生存的重要法则。短视频行业的市场规模空前庞大，且机会众多，许多普通人甚至因此改变了命运。

这也从另一方面显示出，国民对于短视频由开始的观望或抵触态度，转变为普遍接受并乐在其中。这是视频号开始发力的重要前提，也是视频号能够被更多用户接受的重要原因，因为人们对于短视频这一内容传播方式，已经有了较深的了解。

2. 产业链日益成熟，MCN机构发展迅猛

随着市场规模的扩大，短视频行业由最初个别运营者的"小打小闹"，逐渐发展为一个愈发专业和正规的行业。可以说，此时的短视频行业，已经形成了较为成熟、稳定的产业链体系。

在这个产业链中，包含内容生产者、短视频平台、广告主及代理商、内容消费者、其他电商平台以及监管部门等众多主体，这些主体互相之间职责明确，关系清晰，如图1-1所示。

短视频行业产业链的逐渐完善，为短视频行业形成了一个良好的正向循环。内容生产者们生产内容，吸引消费者关注，粉丝数量增加后，

广告主及代理商会主动上门寻求合作，然后通过广告或代理的形式，将消费者引流电商平台，促成消费行为的达成。在这个过程中，短视频平台会给予内容生产者一定的流量扶持，帮助内容生产者快速"出圈"。

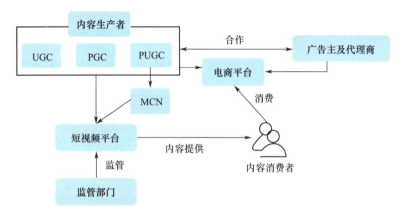

图 1-1 短视频行业的产业链结构

而对于内容生产者而言，要想维持这个正向循环，最根本的要求是打造优质内容，以支撑后续发展。许多UGC⊖自己生产内容时，虽然有可能出现爆款视频，但这种概率太小，于是专业的生产团队和机构出现了，即PGC⊖、PUGC⊜以及专业的生产公司MCN®机构。这些成熟的内容生产者们与MCN机构的出现，使得短视频内容的打造更为持续，内容质量也更加精进，为短视频行业朝着专业化、长足化发展，提供了更多可能。

专业的MCN机构通常不会放过任何可能获取流量的平台，视频号

⊖ UGC：User Generated Content，用户生产内容。
⊖ PGC：Professional Generated Content，专业生产内容（视频网站）、专家生产内容（微博）。
⊜ PUGC：Professional User Generated Content，专业用户生产内容，是UGC与PGC相结合的内容生产者。
® MCN：Multi-Channel Network，是一种多频道网络的产品形态，将PGC内容联合起来，在资本的有力支持下，保障内容的持续输出，从而最终实现商业的稳定变现。

就是它们新的战场。于是它们纷纷涌入，在视频号上大展拳脚，为视频号的发展奠定了优质内容基础，这也是吸引用户观看视频号内容的关键。

而产业链的完善，使得内容生产者和平台，在大力打造和扶持优质内容时，没有了后顾之忧。根据长久以来的实践经验，笔者发现在互联网平台上，如果对消费能力和消费意愿从高到低进行人群排序，那么年轻女性（或宝妈）＞中年男性＞年轻男性（刚刚参与工作的男性）。而视频号上涵盖了几乎所有人群，且年轻女性以及中年男性用户数量巨大。

3. 抖音、快手等平台竞争加剧，用户需求多样化

但随着MCN机构的迅猛发展，UGC的生存空间受到挤压。目前在短视频行业中粉丝数量较多的内容生产者，几乎都与MCN机构建立了合作关系，有些甚至就是经由MCN机构一手策划出来的。

早期抖音、快手上用户"百花齐放、百家争鸣"的局面逐渐被打破，平台也缩紧了流量扶持，开始偏向将流量分拨给头部KOL[⊖]，进一步压缩了普通UGC成长为头部KOL的机会，抖音、快手等平台早已从蓝海变成了红海。

这与大量用户转变为内容生产者密切相关，内容生产量增大，生产者之间竞争加剧。普通UGC如果此时入局抖音、快手等平台，想要发展成为头部KOL，几乎是一件不可能的事情。

同时，随着内容生产者之间的竞争加剧，其生产的内容开始大量同质化，而与之相悖的是普通用户对于短视频内容需求的不断多样化。这

⊖ KOL：Key Opinion Leader，关键意见领袖。

些同质化的内容开始难以引起用户的注意，想要打造出与众不同、创意十足的内容，则变得难上加难。

当下，视频号才刚刚起步，正是需要大量内容生产者的时候，对于内容生产者而言，视频号仍处于红利期，是一片还未被挖掘的蓝海。同时，视频号并不希望平台被头部KOL垄断，官方希望视频号与当年的公众号一样，成为所有人发声的舞台，任何有想法、有能力的运营者，都可能在视频号上实现成功。

4. 国家监管力度加大，行业规范大致形成

与此同时，国家对于短视频领域的监管也逐渐完善。从2017年至今，国家打击了众多利用短视频平台进行违法活动的不法分子，这对于短视频行业持续、规范发展具有重要意义。

视频号对于自身平台的监管也十分严格，对于违法乱纪行为，严厉打击。也开始了原创版权保护活动，使得视频号运营者的利益得到更好的保障。

截至2020年年底，视频号注册量已超3000万，2020年12月有持续发文且平均点赞量在100以上的视频号近25万个。对于希望入局短视频行业的运营者而言，视频号目前受到外界各种因素的正面影响，是一个不错的选择，也是一个重要的机会。

1.1.2 微信的战略级武器，叩开红利大门

在了解微信给予了视频号哪些红利之前，我们不妨先对微信做视频号的原因进行探讨，摸清这些原因对于更深层次地了解视频号的"前世今生"，具有重要意义。

1. 微信为什么要做视频号

2020年1月9日，微信创始人张小龙在演讲中称，"微信的短内容一直是我们要发力的方向，顺利的话可能近期也会和大家见面"。这场演讲拉开了视频号的序幕，也表明了微信会对视频号开始发力。综合微信长期以来的表现，笔者总结了微信打造视频号的两大主要原因。

（1）弥补微信视频功能的"缺陷"，丰富微信内容生态

随着时代的发展和互联网技术的进步，视频化表达受到越来越多普通人的青睐。张小龙在微信公开课上曾就记录到的微信用户的行为进行了分析："最近5年，用户每天发送的视频消息数量上升33倍，朋友圈视频发表数上升10倍。这时候，我们再思考短内容就会想，我们不应该基于短文字来做，而应该基于视频化内容来做了。"

事实上，在腾讯的整个生态系统中，有许多短视频产品，如朋友圈小视频、微视、公众号的视频功能等，但这些短视频产品不是鲜为人知，就是难以与抖音、快手等短视频平台抗衡。

根据QuestMobile[⊖]发布的《2020中国移动互联网秋季大报告》显示：2019年9月至2020年9月，头条系产品（以抖音为主）在用户App使用时长占比中，从12%增长到15.4%；快手系产品（以快手为主）在用户App使用时长占比中，从4.4%增长到7.2%；而腾讯系产品在用户App使用时长占比中，由45%缩窄至40.9%。

这对于腾讯而言，无疑是一个警钟。互联网巨头对用户时长的争夺加剧，腾讯系产品的用户面临着被短视频软件蚕食的困境，如果不针对

⊖ QuestMobile：中国专业的移动互联网商业智能服务商，提供互联网数据报告、移动大数据分析、数据运营报告等的互联网大数据平台。

用户喜好做出改变，发力短视频内容，这一境况将持续下去，前景不容乐观。在这种情况下，微信补足短视频功能显得紧迫又必要。

（2）沉淀微信流量，打通微信生态体系

在互联网流量时代，流量就是用户，有流量才有机会。简单来说，就是用户停留在哪个平台上的时间越长，该平台获胜的概率就越大。而微信目前陷入了一个流量逐渐流失的困境。

首先，微信本身是一个即时社交通信软件，当其他更多的软件开始具备"聊天"功能时，微信的部分功能被替代了，用户使用微信的频率和时长，会被其他软件蚕食。

其次，微信将原本可能在微信内部完成的交易权力，移交给了第三方平台。微信在允许第三方软件通过微信传播的同时，也带走了微信的流量。

而微信原有的吸引流量的产品，如微信公众号，已经随着时代的发展逐渐失去了内容行业霸主的地位，其总阅读数呈现平稳下滑趋势。对此，张小龙也曾坦言："微信的难题是如何让用户在微信的生态内完成更多社交、娱乐、消费的需求，让用户停留更长的时间。"

综上，这些都使得微信迫切地需要一个内容产品，来更好地满足用户的社交、娱乐和消费需求，将微信巨大的流量基础沉淀下来，形成自身的生态闭环。

2. 微信给予了视频号什么

当微信基于以上两点主要原因，迫切而又必要地开始打造视频号时，自然给予了其更多的红利，以解决上述困境和危机，这些红利主要表现在以下5个方面。

（1）更广的用户基础

根据腾讯发布的2020年第二季度及半年度业绩报告显示，2020年第二季度微信及WeChat的合并月活跃用户人数（Monthly Active User，MAU）增至12.06亿。这几乎是中国月活跃用户数最高的软件，是当之无愧的"国民级"软件。这为微信视频号的发展奠定了良好的用户数量基础。

在2021年1月19日发布的微信公开课中，张小龙发布了一组数据："每天，有10.9亿用户打开微信，3.3亿用户进行了视频通话；有7.8亿用户进入朋友圈，1.2亿用户发朋友圈；有3.6亿用户读公众号文章，4亿用户使用小程序……"

而微信给予视频号的位置，使得视频号能够坐享微信大量的用户基数和超高的用户活跃度。视频号位于微信"发现"页面中，"朋友圈"的下方，如图1-2所示。

图1-2　视频号的位置

正如上文中张小龙提到的，每天有7.8亿用户进入朋友圈，在他们"光顾"朋友圈时，自然也会注意到处于同等位置的视频号。目前，微信将个人主页界面加入了视频号信息，当用户查看好友的个人资料时，也能直接点击观看其视频号内容，如图1-3所示。

视频号与朋友圈并驾齐驱，坐拥微信12.06亿用户，享受着每天7.8

亿次展示，使得视频号迅速进入大众视野。

图1-3 个人资料页面的视频号展示

（2）更快的圈层渗透

无论是年轻人还是中老年人，可能不会使用特别多的手机软件，但一定都会使用微信。微信的用户几乎涵盖了所有的年龄圈层和地域圈层，这使得视频号拥有了得天独厚的圈层渗透优势。

抖音最初是打通了一、二线城市，抓住年轻用户，然后逐渐向三、四、五线城市和中老年用户扩散；快手最初则是抓住了三、四、五线城市和小镇青年用户，然后才慢慢向一、二线城市用户发展的。而视频号从一开始，就已经牢牢掌握了全部圈层的用户。

这不仅使得视频号在用户数量上占据优势，也能让其运营者在目标用户群体选择上拥有更大的可选择性。

（3）更多的官方扶持

在2021年春节期间，视频号还发起了限时活动"制作我的红包封面",条件就是用户必须创建视频号,并发表照片或视频,且这个作品需要获得10个赞,如图1-4所示。

图1-4 视频号"制作我的红包封面"活动要求

通过这些推广方式,越来越多的用户开通了自己的视频号,并开始发布作品,这使得更多微信用户开始发现视频号中全新的、高质量的短视频内容。

而这只是视频号获得官方扶持的一个缩影,在视频号诞生之初,微信对于视频号的扶持就从未中断过。

例如,视频号官方开设了教学账号"微信视频号创造营",帮助运营者更快上手视频号运营,同时还利用官方流量对优质视频号内容进行扶持,刺激更多优质内容产出。还经常发布一些话题,吸引用户参与话题创作内容,其发布的"好看广州"话题,吸引了众多视频号运营者参与,官方为此特地在评论区@了这些视频号运营者,如图1-5所示。

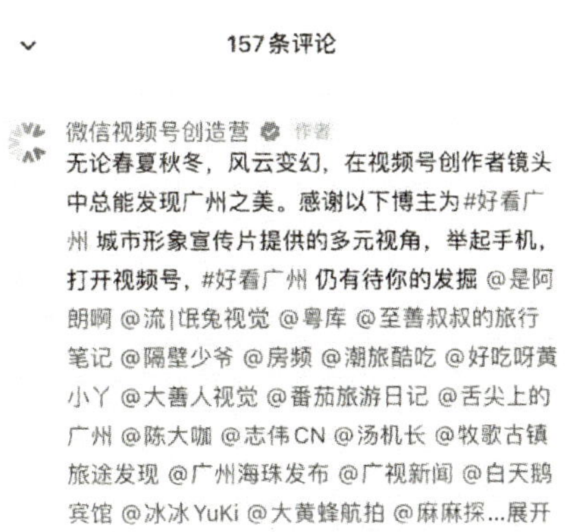

> 157条评论
>
> 微信视频号创造营 ✓ 作者
> 无论春夏秋冬，风云变幻，在视频号创作者镜头中总能发现广州之美。感谢以下博主为 #好看广州 城市形象宣传片提供的多元视角，举起手机，打开视频号，#好看广州 仍有待你的发掘 @是阿朗啊 @流氓兔视觉 @粤库 @至善叔叔的旅行笔记 @隔壁少爷 @房频 @潮旅酷吃 @好吃呀黄小丫 @大善人视觉 @番茄旅游日记 @舌尖上的广州 @陈大咖 @志伟CN @汤机长 @牧歌古镇旅途发现 @广州海珠发布 @广视新闻 @白天鹅宾馆 @冰冰YuKi @大黄蜂航拍 @麻麻探...展开

图1-5　微信视频号创造营的评论区

通过这一系列的扶持活动，视频号运营者开始学会在视频号上打造更优质的内容，也吸引了更多用户入驻视频号，使视频号拥有了更大的发展空间。

（4）更低的创作门槛

视频号官方对于视频号的定义是：视频号是一个人人可以记录和创作的平台，也是一个了解他人、了解世界的窗口。其中，"人人可以"便是视频号诞生的初衷，也表明了视频号几乎没有创作门槛，希望人人都可加入其中。

与图文形式的公众号相比，视频号的创作门槛显然更低。篇幅较长的公众号文章，对于许多普通人而言，写作起来稍有难度，内容质量也难以保证。而短视频则不同，在如今手机功能日益强大的当下，遇到生活中的精彩瞬间，拿起手机随手一拍，就可以成为短视频作品，更加方便、高效。

（5）更稳的生态系统

视频号不仅仅是一个内容产品，更是打通整个微信生态体系的连接性产品。例如，原本用户只使用微信与亲朋好友进行社交联系，但通过视频号，他们开始与亲朋好友观看同一个短视频，又在短视频的链接处发现了公众号文章，点击阅读了公众号文章，并在这篇公众号文章上看到了视频号运营者发布的产品，点击产品图片就能跳转至小程序页面购买。

这是一个完整的内容平台的流量沉淀链条，视频号成为一种引流方式，延长了用户在微信停留的时间，构建了一个集内容产品、社交产品和消费产品于一身的生态系统。

1.2 三引擎推荐，视频号出圈关键

当我们打开手机软件时，每个软件几乎都有"推荐"这一内容板块。举个例子，"推荐"板块的内容，就好像我们走进超市，能够看到琳琅满目的产品，而最终我们选择了什么产品，除了自身喜好决定外，还取决于超市给我们提供了哪些产品。这就是推荐机制的内涵，那些获得平台大力推荐的内容，自然能够拥有更大的曝光量，成为爆款的概率更高。

每个平台都有其独特的算法和推荐机制，这与平台的宗旨、理念相契合，视频号的推荐机制相对复杂一些，先通过社交推荐机制引爆短视频，再进行个性化推荐，根据视频的标签、话题、定位、位置等将短视频推荐给目标用户群体，其中，又根据短视频作品的数据反馈情况，进行流量的再次分配。

1.2.1 社交推荐机制：熟人关系的深层渗透

社交推荐机制是视频号与其他短视频平台推荐方式的最大不同，这

也是微信这个即时社交通信软件赋予视频号的特殊推荐机制。视频号主页有三个板块，分别是"关注""朋友"和"推荐"，其中最核心的板块就是"朋友"。一条短视频的观看用户具有相对显著的社交圈层效应，这就好比我们在超市挑选产品时，突然遇到一位好友，这位好友向我们推荐了一款产品，我们看了之后也觉得不错，于是购买了这款产品。社交推荐机制正是如此。

视频号的社交推荐机制的操作方式包括两个方面，即"点赞+多位朋友看过推荐"和"好友圈推荐"。

1．点赞+多位朋友看过推荐

在视频号主页中，"朋友"板块是其他短视频软件中几乎没有的。这个板块中呈现的内容，是用户的微信好友点赞或多位朋友看过的短视频。

在微信好友点赞过某条短视频后，微信"发现"页面的视频号这一栏上，会显示一个小红点，提示用户有好友点赞了某条短视频，还会将被点赞的视频号姓名和头像呈现出来，如图1-6所示。

图1-6 视频号好友点赞后的提示

对于那些多位微信朋友观看过的短视频，也会在"朋友"这一板块中被推荐，如图1-7所示。

图 1-7　视频号多位朋友看过的内容推荐

2. 好友圈推荐

视频号运营者几乎都有微信，微信中也添加了好友，在视频号运营者发布了短视频作品后，其微信好友能够通过社交推荐机制"刷"到其发布的短视频，这就是好友圈推荐机制。

以上两个推荐方式可以叠加产生效果，对于视频号运营者在作品发布初期做基础扩散非常有利。由于调动了微信好友，使短视频内容有了基础的数据表现，更利于短视频内容不断传播。

1.2.2　官方流量分配机制：长尾效应的反复激发

在视频号作品发布后的第3个小时、第6个小时、第18个小时和第24个小时，会得到系统自身推荐。而在发布作品的第48个小时和第72个小时，系统会为作品再度进行微度推荐。如果72个小时之后该作品仍有观看量、点赞和评论，视频号作品将被反复推送。

这就是视频号的官方流量分配机制，遵循"3+6+18+24+48+72"这一法则，如图1-8所示。把握好作品发布后的这几个时间点，对于打造爆款内容，让作品得到更多传播非常有益。

在作品发布后，视频号首先会将作品推送给关注视频号的用户或运营者的好友，如果好友或关注者不感兴趣，那么该作品将不能进入更大的流量池。如果好友或关注者感兴趣，则会更大地触发流量推荐机制，该作品将进入更大的流量池，获得更高的权重，进而得到更多被推荐的机会。

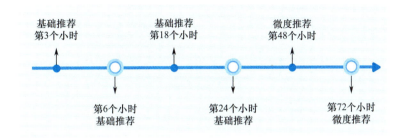

图1-8 视频号的官方流量分配机制

这就意味着在视频号作品传播过程中，蕴含着极强的长尾效应，即视频号作品刚发布时，可能观看人数较多，但一段时间后，官方仍然会为内容优质的作品提供流量，作品扩散的时间成为一条长长的"尾巴"。

因此，有很多一开始传播效果一般的视频号作品，会在一段时间后突然火爆起来，这也是因为官方为该作品提供了流量。

1.2.3 个性化推荐机制：个人标签的全方位打造

在进行社交推荐、流量分配推荐的同时，视频号还会对短视频作品进行个性化推荐。个性化推荐是指针对视频号运营者打造的作品，将其按照一定的方式推荐给相应用户，包括按照兴趣推荐、地理推荐、热点推荐和随机推荐四种方式，如图1-9所示。

1. 兴趣推荐

视频号后台会根据用户在视频号上的"使用痕迹"，对用户的使用行为进行记录，包括用户的年龄、职业、兴趣爱好、短视频内容偏好等，这些信息被大数据算法提取关键词后归类，然后视频号就会依据归类好的关键词，给用户推荐他们可能感兴趣的短视频作品，进行有目的的推广。

图 1-9　视频号个性化推荐的四种方式

例如，喜欢美食的用户，就会被视频号推荐大量的美食测评和美食制作视频；热爱健身、汽车、美妆、户外的用户，会有很大可能被推荐相关类型的短视频作品。

依据这一推荐机制，视频号运营者可举一反三，在发布短视频内容时，用"#话题"标记相应的话题关键词，可以精准定位用户从而吸引粉丝。

2. 地理推荐

地理推荐主要基于LBS⊖完成，常见的使用LBS的功能包括"同城""附近的人"等。微信在更新了8.0版本后，将视频号中地理推荐功能进一步延伸，调整了原本微信发现页中"附近的人"这一板块，转变为"直播和附近"。

在"直播和附近"这一板块中，用户可以看到三个栏目，即"当地视频""直播"和"附近的人"。这一举措直接弥补了视频号原本没有同

⊖ LBS：Location-based Services基于位置的服务，它是通过电信移动运营商的无线电通信网络（如GSM网、CDMA网）或外部定位方式（如GPS）获取移动终端用户的位置信息，在地理信息系统平台的支持下，为用户提供相应服务的一种增值业务。

城推荐的缺陷，使得视频号在地域内能够得到更为有效的传播。

利用这一推荐机制，视频号运营者可以很快在当地传播短视频作品，更容易激发用户对于"同城""老乡""附近的人"的好奇，进而得到更多关注。

拥有实体店的视频号运营者更需要利用地理推荐来获利，足够的点赞和评论也能吸引同城用户的关注。例如，视频号运营者"恩施小城车行"，将自己摩托车行所在地区的名称作为前缀发布短视频时，依靠恩施的定位吸引同城用户观看视频，进而促成生意往来，如图1-10所示。

图1-10 视频号"恩施小城车行"的同城直播

3. 热点推荐

世界各地每时每刻都会发生一些带有热点话题的事件，视频号会将包含热点话题事件的短视频作品汇总起来，在黄金时段进行最有效的推广。

在每个用户的推荐页面中，几乎时不时就会出现目前大众普遍比较关心的新闻性短视频作品，这些作品由于具有很强的话题性和时效性，所以传播起来也非常迅速。

同时，视频号在"看一看"板块中，加入了"热点视频"这一栏目，主要用于带有热点话题的短视频作品传播。用户点击观看视频，就会跳转至视频号页面。这一举措也扩大了视频号作品的传播范围，如图1-11所示。

图1-11 "看一看"板块中的"热点视频"栏目

视频号运营者在打造短视频作品时，可以有意识地贴合热点话题进行创作，刻意触发热点推荐机制。即使不是专业的新闻类视频号，依旧可以将热点话题融入短视频作品中，或是在文案、标题中呈现出来，以吸引用户的注意。

4. 随机推荐

随机推荐是指视频号后台为用户随机、无规律地推荐一些短视频作品，将任意内容通过散列算法传播给任意用户。这一推荐机制的最底层要求是不进行无效的重复传播，即用户不会收到两个类似内容的推荐。

这种推荐方式没有规律可循，但在通常情况下，视频号后台为用户推荐的内容都是点赞量、观看量较多的内容，这类短视频内容优质，能够使用户在视频号平台上停留的时间加长。

总而言之，视频号的四大推荐机制，无时无刻不在影响着视频号运营者的短视频作品传播效果，为了获得更多推荐，将短视频作品传播得更广，打造优质内容是第一要义。

1.3 私域联动，强化整个微信生态圈的吸引力

视频号是整个微信生态圈中非常重要的引流渠道，是贯穿整个微信生态圈的连接器。这意味着视频号能够充分与微信生态圈中的其他功能相结合，发挥出其独特的作用，强化整个微信生态圈对于用户的吸引力。

1.3.1 视频号 + 公众号，高效引流

公众号的定位是"再小的个体，也有自己的品牌"。视频号则延续了这一定位，希望能够给予更多普通人发光、发热的机会，能够在视频号上展示自己。而这两个定位相同，又同属于微信生态圈中的产品，自然有着莫大的联系。可以说，视频号与公众号相辅相成，共同奠定了微信生态圈的内容平台。

公众号主打图文形式的内容，这一内容形式从2012年8月刚刚推出

时,就受到了广泛的好评。公众号一度成为自媒体行业的代表。

但随着新兴内容平台的出现,公众号的红利开始逐渐消退,竞争力不复从前。一方面,公众号文章的阅读量普遍大幅下滑,内容创作者难以生存;另一方面,众多内容创作者的退出,又使得公众号的内容生态难以留住用户,陷入一个恶性循环之中。

虽然公众号文章的阅读量逐年下滑,但优质内容依然有发光、发亮的机会。这也正是微信将视频号与公众号打通的重要原因。

视频号与公众号可以互相引流。

1. 视频号为公众号引流

目前,视频号支持在评论区置顶处添加公众号文章链接,且只能添加公众号文章链接,如图1-12所示。

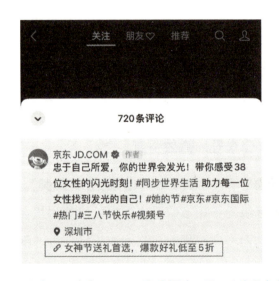

图1-12 视频号"京东JD.COM"在评论区置入公众号文章链接

将视频号流量引入公众号,有以下两大优势。

（1）进行信息补充与拓展

短视频内容通常被限制在5分钟以内，且时长太长的短视频，用户很难有耐心看完。因此，视频号作品可能不能完全将视频号运营者想要呈现的信息表达清楚。此时，添加公众号文章链接，能够对视频号作品中还未讲深、讲透的信息进行补充说明。

当用户看完一条视频号作品后，如果心里产生了认同感，又想继续了解事情的全貌，将有极大可能点开公众号文章链接，来仔细阅读与视频号作品主题相关的长文。

（2）将公域流量池引入私域流量池

在公众号体系中，没有与视频号类似的推荐机制和流量分配机制，所以公众号文章的传播范围，通常会局限于关注了该公众号的群体，对于未关注该公众号的群体，几乎很难看到其文章。因此，我们会认为，公众号粉丝是属于私域流量池中的用户。

而视频号则不同，它面对的是整个微信生态圈的用户，属于公域流量池。试想一下，如果一条视频号作品火了，那么在其评论区呈现的公众号文章链接，是否也将得到范围更广的扩散？而这些观看了该公众号文章的用户，如果被文章内容所吸引，关注了公众号，就从公域流量池被引入了私域流量池，成为与视频号运营者关系更近一步的粉丝。这对于视频号运营者后续开展任何营销活动都是百利而无一害的。

2. 公众号为视频号引流

在公众号文章中，同样可以插入视频号信息，引导用户观看短视频作品，如图1-13所示。

图1-13　公众号"十点读书"在公众号文章中插入视频号信息

对于短视频运营者而言,利用公众号文章宣传视频号内容,也有以下两个好处。

(1)扩大视频号内容的传播范围

公众号文章通常只有关注了该公众号的粉丝能够看到,这些粉丝对于公众号有着天然的"忠诚度",很有可能会因为视频号运营者在公众号文章中的推荐而点开视频号观看短视频,这对于增加视频号作品的播放量、点赞量或评论量等数据表现都有好处。

当视频号作品数据表现良好时,视频号后台会给予视频号作品更多推荐，有利于吸引更多用户关注，扩大视频号的影响力。

（2）使图文内容转化为视频内容

同时，视频号能够运用短视频形式，将公众号中较为乏味的图文内容呈现出来，使其更加生动、形象，更符合如今用户的观看习惯，有利于维系与老粉丝之间的关系。

1.3.2 视频号+社群，稳固粉丝

社群可以简单认定为微信中的各种群聊，所谓"物以类聚，人以群分"，社群就是将拥有共同爱好、需求、价值观或愿景的人聚集在一起，共同完成某些事情。

例如，每个家庭几乎都有一个"家人群"；有许多刚刚晋升为母亲的女性聚集在一起交流育儿经验的"宝妈群"；有许多养宠物人士共同组成的"宠物群"等。同属一个群中的人群，或多或少拥有一些相似之处，能够维系较为稳定的群体结构，拥有较一致的群体意识。

社群是私域流量的重要组成部分，将视频号与社群联合起来运营，对于稳固粉丝，扩大IP影响力等，都有着重要的意义。

视频号运营者在运营视频号时，可以在个人简介处加上进入社群或添加微信账号的信息，或是在视频号作品中提到社群信息，同时将社群的主要功能告诉用户，吸引用户加入。

例如，一些教育类博主会进行课程开发，他们在邀请用户加入社群时，通常会添加一些利益性说明，如"进群领取XX学习资料""进群免费咨询XX老师问题"等。

用户加入社群，一定是对本群感兴趣，是目标用户群体。在视频号中对广大受众营销，就好像是在茫茫大海中捞鱼；而在社群中营销，就

好比在池塘中捞鱼，更加精准、高效，成功率也更高。

同时，用心地经营社群，更有利于维护与用户之间的良好关系，形成较为长久的"朋友"似的关系。当视频号运营者发布了新的作品后，可以第一时间发布至社群中，引导用户去观看、点赞或评论。

社群越活跃，群内成员关系越密切，社群的生命周期越长，对视频号运营者而言越有利。对此，视频号运营者需要打造对用户具有吸引力的内容，投放至社群中，满足用户的需求，还需要策划一些日常活动，吸引社群成员的注意，并带动社群内的气氛，进而将用户留存下来。

1.3.3 视频号 + 直播，放大价值

根据2020年10月中国网络视听节目服务协会发布的《2020中国网络视听发展研究报告》显示，截至2020年6月，我国网络直播用户规模达5.62亿，对比2019年同期直播用户4.33亿增长29.8%。这意味着观看直播的用户规模非常庞大，且处于不断增长中。

与此同时，越来越多的企业、个人投入直播事业中，于是有人直呼：全民直播的时代到来了。

事实上，观看直播甚至开启直播早已经成为国民日常生活中的常态，淘宝、抖音、快手，甚至百度、拼多多等软件，都已经布局了自身的直播生态体系，希望能从中分一杯羹。在视频号诞生之前，微信也能够通过公众号或小程序进行直播，但这些直播方式的门槛较高，需要拥有自己的公众号或小程序，还要达到一定的标准，才能开启直播。

任何一个平台，要想在直播上取得优异成绩，需要满足三个关键要素，即"人""货""场"这三大要素。"人"是指用户；"货"是指电商

平台;"场"是指直播工具。

在微信生态圈中,恰好能够满足这三大要素。首先是"人",基于微信12亿用户,无论是用户数量,还是打造直播内容的运营者数量,都非常可观;其次是"货",微信拥有自身的电商平台小商店、小程序,能够满足直播带货中产品供应的需求;最后是"场",视频号就是一个非常方便的直播工具。

视频号的直播功能开通后,越来越多的用户加入其中,面向微信12亿用户,视频号直播可谓"含着金汤匙出生",许多运营者刚刚接触视频号直播,便取得了惊人的成绩。

2020年12月13日晚间,摄影师李政霖和其团队的4个小伙伴在云南香格里拉巴拉格宗架好了设备,开始直播双子座流星雨划过天际的画面。为了这场直播,他们策划了两个月,通过各类平台进行直播预告。最终,这场直播的观看人数超过102万,点赞数量超过237万,为李政霖直接增粉3万,数百万人对着手机屏幕向流星许愿,李政霖的微信被加爆,各种合作邀约不断。

此后,李政霖发布的一系列摄影短视频作品,都受到了广大用户的欢迎,其中系列摄影短视频作品"960万平方公里的辽阔",带领视频号用户随着他的镜头游览祖国的大好河山,更是好评不断。而这一切的开始,都是因为他和团队开启了那场双子座流星雨直播。

尤其是在微信更新8.0版本之后,"视频号+直播"联合运营的模式,有了更多玩法和机会。

例如,直播页面的分类更加明确,开辟了才艺、颜值、购物、新闻、教学等近10种垂直的直播内容,视频号运营者在开启直播时,可以根据自身内容定位,选择相应的类别,不仅用户能够更加快捷、精准地找到自己想看的直播，视频号运营者也能因此精准吸粉。

另外，视频号直播开始支持主播之间相互"连麦"，这让视频号运营者之间联合增粉成为可能，双方能够在同一时间段直播，互相成为对方直播间的"嘉宾"，吸引双方的粉丝观看，形成更广泛的粉丝群体。

多种多样的玩法使视频号直播的商业价值和商业空间得到进一步提升，拥有了更多可能性。

1.3.4 视频号+小程序，迅速转化

微信小程序是一种不需要下载安装即可使用的应用，在微信主页面顶部下拉，即可显示最近使用过的小程序，用户要想使用其他小程序，在搜索框中搜索即可。小程序这一应用形式就像是一些可以即时使用的工具，用户不用安装太多软件，就能顺利完成一些事情。

视频号与小程序的结合，实际上是"视频号+小商店"模式的升级版，主要运用了小程序的营销功能。在视频号账号的个人简介处，可以添加"小商店"，售卖一些产品。对于拥有自身小程序的视频号运营者，可以在此处添加小程序。图1-14为视频号"金铃读书"个人简介中的小程序页面。

"小商店"是视频号提供的标准版商店，所有视频号运营者都可以使用，而小程序则是一种自定义版的商店，玩法更加多样，比"小商店"更加全面、智能。

当视频号运营者对自身小程序中售卖的产品进行介绍后，用户如果对该产品感兴趣，就很有可能点击进入小程序进行购买，省去了用户跳转第三方购物平台的中间环节，加速了转化过程。

在小程序中，视频号运营者可以设置一系列营销活动，诸如秒杀、

砍价、分享领红包、购物优惠券等,刺激用户下单、转发或分享,进一步扩大营销范围。

图1-14 视频号"金铃读书"个人简介中的小程序页面

小程序本身就是一个值得期待的事物,根据微信官方公布的数据显示:2020年微信小程序日活4亿,人均小程序交易金额同比增长67%,2020年微信小程序全年交易额同比增长超100%,金额超16000亿元。

而当视频号与小程序打通后,这一数值将再度上升。利用视频号和小程序,能够全面激活社交用户的购买行为,不断增强微信生态体系的竞争力。

1.3.5 视频号+搜一搜，精准引流

搜一搜是微信中的一个特殊功能，通过搜一搜，可以直接利用关键词检索到对应的内容，在每一个关键词后还有其对应的微信指数。

2021年，微信搜一搜上线"服务导航页"，用户在搜索时，可以选择指定区域搜索。例如，当笔者在微信中搜索"持续增长"这个关键词时，会直接显示全部搜索结果，但如果笔者希望在某一特定区域内搜索，可以选择导航条上的"读书""百科""新闻""视频号"等页面，只看这些区域中的检索结果（如图1-15）。

图1-15　微信搜一搜页面

搜一搜与百度、谷歌等搜索引擎所提供的服务类似，微信搜一搜的slogan是"用微信就能搜"，旨在让用户能够在微信内部完成几乎所有手机上可以完成的事情，不需要另外安装各种五花八门的软件。

搜一搜与视频号接通之后，对于扩大视频号的流量范围、实现更精准的内容推送具有重要意义。一方面，搜索是用户主动发起需求的场景，不会出现用户被骚扰的情况；另一方面，搜索具有非常好的延展性，能够结合微信中的多个场景，满足用户的多种需求。

这对于视频号运营者而言，需要在运营视频号的过程中建立"关键词意识"，也就是明确用户经常搜索的高频词汇，将这些词汇运用到视频号作品文案中去，以增加作品被用户观看到的概率。

1.3.6　视频号+朋友圈，广泛营销

微信朋友圈是微信生态圈中一个重要的社交功能，用户可以通过朋友圈发表文字、图片或小视频，也可以将其他平台的文章、音乐等内容分享到朋友圈。用户的好友可以对其发布的朋友圈内容进行"点赞"或"评论"，只有相同好友之间才能够看到这些点赞或评论。

朋友圈的定义决定了其是一个面向微信好友的社交舞台，是用户袒露心声、发表见解或分享生活的一种方式。每天有7.8亿用户进入朋友圈，这是一个庞大的用户群体，沉淀着人们最黏稠的社交关系，是如今朋友圈微商、朋友圈广告得以兴起的重要原因。

视频号与朋友圈联合运营，事实上包含两种含义。第一种含义是通过朋友圈对视频号作品进行宣传；第二种含义是朋友圈广告能够与视频号联动举行营销活动。

1. 利用朋友圈对视频号作品进行宣传

在朋友圈中，视频号运营者可以直接插入视频号作品卡片，好友可以点击观看。这一举措使得视频号运营者能够充分利用视频号的社交推

荐机制，在自身好友圈内对作品进行基础宣传。

2. 视频号与朋友圈广告进行联动营销

朋友圈广告是一种支持"千人千面"的广告形式，以品牌或代言人发布朋友圈的形式，定制化地向每个用户展示其可能感兴趣的广告。

目前，朋友圈广告支持插入视频号活动页，点击朋友圈外层广告，便可直达品牌方的视频号活动页。例如，2021年1月29日，酸奶品牌安慕希就发布了一则朋友圈广告，点击这则广告，即可直接进入安慕希的视频号活动页，能够看到众多参与话题"浓浓年味安慕希"的短视频作品，这个页面聚集了大量的用户参赛，能够将活动氛围烘托至顶点。

无论是利用朋友圈对视频号作品进行宣传，还是用视频号与朋友圈广告进行联动营销，都是利用了朋友圈的社交关系链，能够通过实现社交裂变进行广泛宣传，并依托社交关系链，将视频号或品牌沉淀至广大用户群中，与用户拉近距离，建立良好的沟通环境。

将视频号与朋友圈联合运营，还能够打通公域流量池与私域流量池，为视频号或品牌方的长足发展提供更为充足的流量来源。

1.4 差异突出，形成独特竞争力

视频号刚刚问世时被万众期待，人们在还未看清其特质的情况下，就用已经发展的较为成熟的其他短视频软件来对标视频号，称其为"微信上的抖音""视频版的微博""中国的Ins"等。但当视频号从神秘的面纱中露出真容，这些对标的词汇立刻销声匿迹，因为人们发现，视频号并非下一个谁，而是一个独特且全新的平台。

1.4.1 视频号比拼抖音：社交属性比拼算法主导

根据《2020抖音创作者生态报告》显示，截至2020年8月，抖音日活跃用户数量突破6亿，抖音带动内容创作已成为稳定职业，各行各业的社会力量都可以登上自我表达的舞台，从新手变成活跃的短视频创作人。

作为短视频行业中的佼佼者，抖音在短视频领域发展得更早，是视频号的"前辈"，但抖音与视频号两者之间差异明显，如表1-1所示。

表1-1 视频号与抖音的主要区别

	视频号	抖音
价值观	记录真实生活，人人都是独立创作的个体	记录美好生活
视频展现形式	单列全屏沉浸式、单列半沉浸式	单列全屏沉浸式
视频展现尺寸（竖屏）	9:16、6:7	9:16
内容形态	短视频（15s/60s）、图片、影集、直播	短视频（6~60s）、中长视频（15~30分钟）、图片、直播
推荐机制及算法	社交推荐机制、官方流量分配机制、个性化推荐机制	"中心化"KOL导向机制，优质内容能得到更多推荐
运营者生态	粉丝分布相对均衡	头部KOL粉丝数量多
用户画像	常用微信的人群；覆盖全民，目前中年群体及以上用户居多；用户偏爱情感、教育类内容	一、二线城市用户比例更高；用户男女比例均衡，以年轻人群为主 男性用户偏爱军事、游戏、汽车等内容，女性用户偏爱美妆、母婴、穿搭、娱乐等内容
变现渠道	依托于微信生态体系，变现方式多样	平台主导，包括直播带货、抖音小店、信息流广告等

抖音视频的展现形式是单列全屏沉浸式，这种占满整个手机屏幕，让用户全身心投入其中的方式，能够很好地将用户留存下来，使用户被

优质内容所吸引，增加使用抖音软件的时长。

视频号原本采用的是单列半沉浸式的展现形式，但这种形式效果欠佳，一是与此前用户所接触过的展现形式均有所不同，需要重新培养用户的观看习惯；二是大面积的留白使得用户被视频内容代入的概率降低了，用户的留存率变低。但随着视频号的发展，官方已经开始支持单列全屏沉浸式这一展现形式。现在点开视频号的推荐页面，大多数视频都采用了这一展现形式，为用户制造沉浸其中的感觉，提高了用户留存的概率。

视频号与抖音最大的不同是推荐机制及算法的不同，视频号的推荐机制主要为社交推荐机制、官方流量分配机制和个性化推荐机制。而抖音秉承着"中心化"思想，流量向头部KOL倾斜，因此抖音中的运营者呈现出"二八法则"，即20%的运营者获得了80%的流量，收获了更多的粉丝。这对于中小运营者和新手运营者而言，并不是一个好消息。因为抖音平台上的大部分流量已经被头部KOL所占据，要想突出重围，从这些头部KOL手中将流量争取过来，可谓难如登天。

同时，在2020年10月9日，抖音直播正式切断和第三方平台的合作，开始打造自己的封闭生态系统。这意味着在抖音上实现变现的渠道缩窄，变现门槛越来越高。普通的运营者，如果缺乏相应的生产渠道、产品宣传策划人员等，将很难在抖音上变现。

这些原因导致抖音运营者感叹"抖音越来越难做"了。反观视频号，处于微信生态体系的中心位置，汇聚了大量的流量，且基础设置也正处于不断更新完善中，未来前景一片光明。

1.4.2　视频号比拼快手："中年大叔"比拼"老铁666"

2021年1月26日，快手正式在香港启动公开招股，引发抢购热潮。

第 1 章 价值分析：视频号凭什么主导短视频下半场

此后，快手于2月5日成功在港交所挂牌上市。在此之前，快手已然在短视频阵地上打出了冲击"短视频第一股"的旗号。

据快手官方数据显示，截至2020年6月月底，快手的中国版App及相关小程序在2020年的平均日活跃用户数已达3.02亿，平均月活跃用户数高达7.76亿，并在6月的中国移动互联网App月活跃净增用户规模排名榜单中成为当月唯一进入前五的短视频平台。其中，光快手应用的日均活跃用户便已实现2.58亿人，用户的日均使用时长远超85分钟。

那么，同为短视频赛道领跑者的快手，与视频号又有哪些不同呢？如表1-2所示。

表 1-2 视频号与快手的区别

	视频号	快手
价值观	记录真实生活，人人都是独立创作的个体	拥抱每一种生活
视频展现形式	单列全屏沉浸式、单列半沉浸式	双列选择式、单列沉浸式
视频展现尺寸（竖屏）	9:16、6:7	9:16
内容形态	短视频（15s/60s）、图片、影集、直播	短视频（11s/57s）、中视频（5分钟）、图片、直播、K歌、文字
推荐机制及算法	社交推荐机制、官方流量分配机制、个性化推荐机制	流量普惠原则，相对去中心化
运营者生态	粉丝分布相对均衡	头部KOL粉丝数量较多
用户画像	常用微信的人群；覆盖全民，目前中年群体及以上用户居多；用户偏爱情感、教育类内容	以三线以下城镇用户为主要受众群体；主要用户群体为30岁以下人群；消费水平普遍不高
变现渠道	依托于微信生态体系，变现方式多样	平台主导，包括直播带货、抖音小店、信息流广告等

快手和视频号一样，都比较看重个体在平台上的发展，希望打造一个普惠式的平台，人人都能够发表自己的见解与看法。快手与视频号最

大的不同，在于其风格和主要受众群体的不同。

快手崇尚"家族"式的运营模式，即多个运营者通过拜师、收徒、签约等形式形成一个运营团队，团队成员之间会互相引流，在家族间形成人气、粉丝等方面的良性循环。

但时间一长，这种"家族"式运营模式的弊端便显露出来了，由于运营者普遍文化水平不高，使得快手平台颇具"草莽江湖气"。"江湖气"所代表的反叛与戾气，尤其是对规则的漠视，逐渐成为快手平台的负担。"家族"在快手上势头旺盛，拥有较高的话语权和较低的可控性，这对于快手整个平台的口碑都有所影响。

此外，快手以三线以下城镇用户为主要受众群体，且这些受众群体的年龄普遍偏低，这就导致了快手用户消费能力不高，无法消化中、高档次的消费品，变现能力不强，难以进行持续且长足的运营。

而在视频号上，所有用户都来自于微信用户，覆盖全民，不仅仅局限于某一群体。视频号对于运营者和用户的管理也非常严格，不允许出现违反法纪的情况，这为视频号实现长久发展奠定了基础。

1.4.3　视频号比拼B站："三次元"比拼"二次元"

B站是网站bilibili的简称，是一个以ACG[⊖]文化起家的互联网社区。B站原本只在小部分用户群中受欢迎，但在2020年上半年，B站通过"破圈三部曲"——《后浪》《入海》《喜相逢》成功出圈，现已跻身互联网主流文化娱乐社区。

由于B站的主要内容形式也是视频，属于综合类视频网站，因此与视频号也可进行比较。表1-3为视频号与B站的区别。

⊖ ACG：Animation（动画）、Comic（漫画）和Game（游戏）的首字母缩写。

表 1-3 视频号与 B 站的区别

	视频号	B 站
价值观	记录真实生活，人人都是独立创作的个体	你感兴趣的都在 B 站
视频展现形式	单列全屏沉浸式、单列半沉浸式	网站式全屏展现
视频展现尺寸	9:16、6:7	横屏占满全屏
内容形态	短视频（15s/60s）、图片、影集、直播	中长视频（15~30 分钟）、番剧、动漫、VLOG
推荐机制及算法	社交推荐机制、官方流量分配机制、个性化推荐机制	优先推荐头部 UP 主视频，对高质量内容推荐力度大
运营者生态	粉丝分布相对均衡	粉丝分布相对均衡
用户画像	常用微信的人群；覆盖全民，目前中年群体及以上用户居多；用户偏爱情感、教育类内容	以"90 后"和"00 后"为主；男性用户多于女性用户；用户热衷二次元、娱乐、学习、生活等内容
变现渠道	依托于微信生态体系，变现方式多样	官方扶持＋粉丝打赏＋广告收入

B 站盛行二次元[⊖]文化，内容打造主要围绕一些虚拟人物展开，在喜好上更加明显，例如用户更偏爱具有娱乐属性和学习属性的内容。B 站在自身的文化氛围中，形成了许多独特的"梗"和"笑点"，通常对这些内容较为了解的用户才能真正看懂 B 站的视频内容。

但这也注定了 B 站的受众不适合全民，并不是所有用户进入 B 站都能直接适应，而且 B 站用户通常会被具有相同特质的人吸引，他们"圈地自萌"，能够获取一些互相之间才懂的乐趣。这给 B 站的发展和运营者的进入带来了不小的考验。运营者如果不了解 B 站的文化，不懂 B 站的"梗"，将很难获得 B 站用户的喜爱。

而视频号上目前尚未有此困扰，喜爱各种文化的用户都有，视频号运营者只需打造专属于自己的风格，便可自然而然地吸引喜爱这种风格的用户群体。

⊖ 二次元：意思是"二维"，引申为在纸面或屏幕等平面上呈现的动画、游戏等作品中的角色。

1.5 视频号未来发展趋势

许多视频号运营者目前仍有一大顾虑,视频号的"风"究竟能吹多远?能吹多久?诚然,在一个新事物刚刚诞生时,人们总是拥有不少疑虑,但根据2021微信公开课PRO直播中张小龙的发言,可以窥探出视频号未来发展的一些动向和趋势。

1.5.1 平台功能逐渐完善

从2020年1月进行灰度测试开始,视频号就从未停下过完善平台功能的脚步。

仅仅一年多的时间,视频号经历多次更新,从刚上线时众人以为微信不过是想在短视频市场分一杯羹,到后来外界玩笑调侃道视频号是微信"团宠",一心试图做好内部链接的微信将最开始并不被大家看好的视频号,真正打造成了如今微信生态中的多支桥梁。

在2020年9月的官方活动上,微信表示视频号是微信生态闭环中重要的链接板块。的确,微信生态里那些零散的,甚至日现颓势的功能板块中,几乎都给视频号留有最好的曝光位置,而支持它出现在微信每一个角落并能显现其价值的,就是它日益强大、完善的平台功能。

微信视频号团队表示:"2020年公开课的主题是激发,视频号想要激发每个普通人创作的意愿,帮助大家降低创作的难度,让每个个体都能被看见。"

视频号在持续优化运营者端和用户端的功能过程中,既为用户带来了更好的使用体验,也为视频号运营者提供了更好的产品体验和运营合作支持。

例如,视频号将进一步开发PC端的视频号助手、剪辑App秒剪等工具,持续助力视频号运营者更高效、优质地打造视频号内容,视频号创作难度也在降低。

在不断迭代与更新中，视频号的平台功能愈加强大，且将持续完善下去。在微信这个大平台上，越来越多的玩法将被创造出来，形成一个生态圈，视频号运营者可将多种功能联合运营，实现更大程度的变现。

1.5.2 中长视频崭露头角

在微信公开课上，张小龙曾坦言："关于长视频，我希望视频号逐渐积累越来越多的长视频，成为长视频的云端仓库。将来有一天，也许我们会提供一个检索或推荐入口，这样用户可以找到丰富的长视频内容。"

张小龙之所以有这样的言论，与目前视频市场的发展状况密不可分。中长视频通常指时长超过1分钟的视频，视频号此前只支持1分钟以内的短视频，但近来对视频时长不再进行严格管控，30分钟以内的视频都可以上传，图1-16为时长接近3分钟的视频号作品。

图1-16　时长接近3分钟的视频号作品

中长视频逐渐崭露头角，可能成为视频号下一个扶持的形式，主要有两方面的原因：一方面，短视频赛道竞争激烈，短视频市场发展已经趋于成熟；另一方面，中长视频由于特质突出，越来越受到用户的喜爱。

1. 短视频赛道竞争激烈

短视频行业在经过短短几年时间的发展后，市场已经趋于成熟和饱和。随着人口红利的逐渐消失，短视频市场的扩张速度会逐渐减缓，整体用户规模将逐渐稳定下来，开始由增量向存量过渡。

从目前的发展状况来看，在短视频行业内，抖音和快手依旧是视频号难以超越的两座大山。因此，为了寻找更多的商业可能，视频号在发展短视频的同时也开始着手中长视频，进入一条新的视频领域赛道。

2. 中长视频越来越受到用户的喜爱

2020年10月，西瓜视频与新榜联合发布了《中视频创作人职业发展报告》，报告显示，"近一年高频的视频消费中，消费中视频的用户达6.05亿，网民渗透率64%，即每5个网民中就有3个用户高频消费中视频"。同时指出："全球最有影响力的视频平台YouTube的视频平均市场呈增长趋势，2018年视频平均时长已经超过15分钟。"

中长视频之所以越来越受到用户的喜爱，主要有以下两点原因。

（1）中长视频能承载更多信息，充分满足用户的好奇心和求知欲

中长视频以横屏为主，拥有更宽广的画幅与更多信息量的内容。中

长视频的时长在1~30分钟，能够满足用户观看视频时获得完整信息的需求。在兼顾效率的同时还能兼顾内容深度，能够带给用户更好的体验，用户能从中收获更大的价值。

七成以上观看中长视频的用户，希望可以提升技能、充实自我。短视频往往时间较短，难以全面、系统地展示知识，中长视频成为最佳的"替补"对象。

（2）中长视频生产门槛高，内容质量有保障

目前，大部分发布中长视频的运营者，都是专业视频内容生产团队，这使得中长视频的内容质量得到了很好的保障。因为打造中长视频内容比短视频的投入更大，为了使投入产出比成为正比，运营者们一定会在内容质量上多下功夫，以期获得更好的回报。

视频号运营者在着力打造短视频内容时，也不能忘记发力中长视频，以顺应时代的发展变化，不被时代浪潮击垮。

1.5.3 直播持续发力

如果说还有什么样的内容形态比视频更容易让人接受，那一定是直播。直播对于视频号运营者而言，既是实时内容的完整补充，又是变现达成的多元手段。

随着微信上直播入口的开启，可以预测未来几年内，直播将是视频号发展的重要方向。

微信官方对于视频号直播也怀揣着很多想象，正如张小龙所说："直播在未来有可能会成为一种很多人在用的个人表达方式。做一个未来的设想，很久以后，每个人的微信名片应该是活的，我的意思是，我打开

你的名片，如果你刚好戴了一个可以直播的眼镜正在直播，那我就能直接看到你看到的东西，这可能是个人直播的终极形态。"

打开微信视频号，每个人都可以随时随地开启直播，直播帮助视频号完善着另一部分微信生态圈中引流的职责，将成为视频号持续发力的方向。

第2章 基础入门：
奠基操作，助力视频号"大V"初长成

知悉关于视频号的知识后，尝试着开启运营视频号的大门，是视频号运营者通向成功的必经之路。踏踏实实地从视频号基础操作入手，将每一步"棋"下好，才能运筹帷幄、布局千里，成长为视频号"大V"。

2.1 视频号的开通与认证

掌握视频号开通和认证的方法是运营视频号的基础，虽然视频号的开通与认证方法较为简单，按照相应提示操作即可，但在开通和认证过程中，仍有一些需要注意的地方。

2.1.1 视频号开通方法

视频号的开通方法十分简单，运营者先点击进入微信"发现"页面的视频号，选择右上角的人形图标，即可进入个人视频号"浏览设置"和"我的视频号"页面，如图2-1所示。

然后点击其中的"发表视频""发起直播"或"限时活动"，都可跳转至视频号开通页面，如图2-2所示。

图 2-1 视频号"浏览设置"和"我的视频号"页面　　图 2-2 视频号开通页面

在这一页面,视频号运营者需要设置视频号头像、名字、性别、地区和选择是否在个人名片上展示视频号,并同意《微信视频号运营规范》和《隐私说明》。完成这一系列操作后,视频号开通成功。其中,视频号的"名字"最多能够输入20个字符(1个汉字占2个字符,1个字母或数字占1个字符)。

开通视频号之后,视频号运营者点击微信中的个人按钮,将会出现"视频号"页面,如图2-3所示。打开这一页面,视频号运营者即可进入个人视频号页面,看到自己发布的作品动态。

值得注意的是,视频号对账号名称的修改设有限制,每个视频号一年内可以修改两次名字,每年1月1日恢复可用次数。已认证的视频号需取消认证后，方可修改名字，修改后可重新申请认证。因此，视频号运营者如果还未想好要取一个什么样的名字，可以暂停注册，想好之后再填入信息。

图 2-3 视频号开通后微信页面的新增入口

还有一点需要提醒视频号运营者的是，由于视频号与个人微信账号属于强绑定关系，如果开通的视频号是个人运营的，将不会产生争议，但如果开通视频号是为企业服务的，那么建议在开通之初，企业应与相关微信账号的拥有者阐明利害关系，必要时签订约定条款说明视频号权属，以免后续出现不必要的麻烦。

2.1.2 视频号认证方法

视频号开通完毕后，可以进行认证，认证后可以设置管理员。这可以使平台和用户对运营者的视频号更加信赖，账号更加安全，在内容审核和推荐上，也会比没有经过认证的账号更具优势。

一个视频号一年内可认证两次,每年1月1日恢复可用次数。视频号运营者点击进入视频号页面,点击页面右上角的"…"按钮,选择"认证"按钮,即可进入认证流程。

在这个过程中,视频号运营者需要选择认证方式,如图2-4所示。视频号认证类型在开通视频号时并未进行区分,认证后才会有所区别。

图2-4 视频号认证方式选择

1. 个人认证

个人认证又分为职业认证和兴趣认证两类。职业认证适合对视频号运营者线下职业身份的认证,如运动员、演员、作家等;兴趣认证适合对视频号运营者线上博主、自媒体身份的认证,如美食博主、互联网自媒体等。

视频号运营者进行职业认证和兴趣认证,有各自相对应的条件。

(1)职业认证所需条件

进行职业认证,视频号运营者需要满足"近30天发表1个内容"和

"已填写简介"这两个条件,然后提交认证所需资料,才能开始进行认证,如图2-5所示。

职业认证

适合个人真实身份申请

近30天发表1个内容　　　　　未完成

已填写简介　　　　　　　　　未完成

满足以上条件后才可以开始申请

查看认证需要提交的资料

图 2-5　职业认证所需条件

视频号为大部分职业身份认证时所需提交的资料进行了呈现,视频号运营者选择认证页面底部的"查看认证需要提交的资料",选择自身所处的行业类型和具体职业身份,便可查看认证需要提交的资料,将这些资料准备齐全后按照提示提交上去,即可进行职业认证。图2-6为职业身份"导演"在认证时需要提交的证明资料。

(2)兴趣认证所需条件

进行兴趣认证,首先需要满足三个硬性条件,即"近30天发表1个内容""有效关注数1000人以上"和"已填写简介",如图2-7所示。

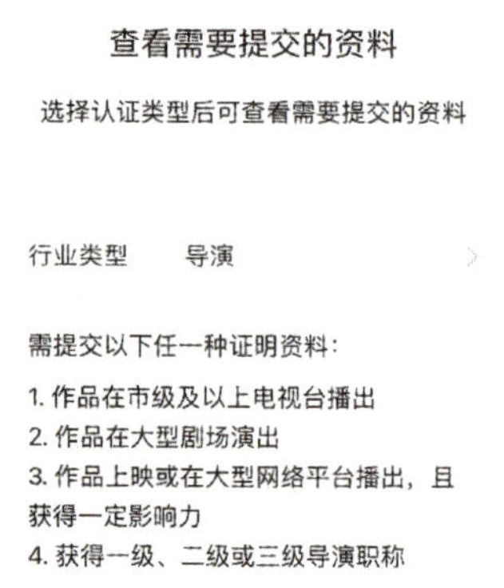

查看需要提交的资料
选择认证类型后可查看需要提交的资料

行业类型　　导演

需提交以下任一种证明资料：
1. 作品在市级及以上电视台播出
2. 作品在大型剧场演出
3. 作品上映或在大型网络平台播出，且获得一定影响力
4. 获得一级、二级或三级导演职称

图 2-6　职业身份"导演"在认证时需要提交的证明资料

兴趣认证

在对应领域持续发表原创内容的个人，
才可以申请此类认证。

近30天发表1个内容　　　　未完成

有效关注数1000人以上 ?　　未完成

已填写简介　　　　　　　　未完成

满足以上条件后才可以开始申请

查看认证需要提交的资料

图 2-7　兴趣认证所需条件

其中，有效关注数是指关注本视频号的正常用户数（不包括可疑的非正常使用用户，如使用外挂、参与刷量的用户），当前有效关注数不包含当天新增关注。对于受到视频号"原创计划"⊖邀请的账号，进行兴趣

⊖ 视频号"原创计划"：视频号官方针对原创内容创作者发起的扶持活动，能够保护原创内容。

认证时有效关注数只需达到500人即可。

兴趣认证同样需要提交认证资料，但不以行业作为选择标准，而是划分了"互联网自媒体""博主""主播"这三大类型，视频号运营者可根据自身情况选择。图2-8为"互联网自媒体"在认证时需要提交的资料。

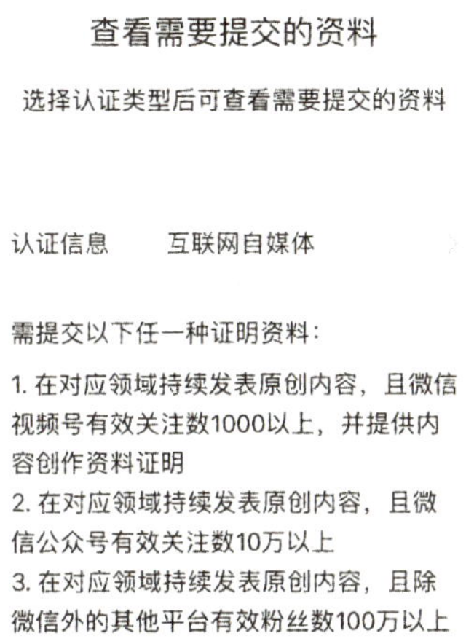

查看需要提交的资料

选择认证类型后可查看需要提交的资料

认证信息　　互联网自媒体

需提交以下任一种证明资料：
1. 在对应领域持续发表原创内容，且微信视频号有效关注数1000以上，并提供内容创作资料证明
2. 在对应领域持续发表原创内容，且微信公众号有效关注数10万以上
3. 在对应领域持续发表原创内容，且除微信外的其他平台有效粉丝数100万以上

图2-8　兴趣身份"互联网自媒体"在认证时需要提交的证明资料

同时，为了提高认证成功率，视频号运营者可以在提交资料时，超出提交门槛，提交多份有力证明资料。例如，在认证时，展示视频号运营者在其他平台如知乎、公众号、抖音、快手等平台的粉丝数量证明。

2．企业和机构认证

企业和机构认证适合非个人主体（如企业、品牌机构、媒体、社会团体等）申请。企业和机构认证需要使用已认证的同名公众号为视频号认证，认证后该视频号视为认证主体使用，如图2-9所示。

视频号账号在通过"企业和机构认证"后，后台会生成一个"认证详情"页面，该页面中包含"企业全称""认证时间"和"工商执照注册号/统一社会信用代码"信息。

图 2-9　企业和机构认证

个人认证与企业和机构认证的最大不同，是认证后显示在视频号名字后的标识颜色不同。进行了"个人认证"的标识是黄色的，而进行了"企业和机构认证"的标识是蓝色的。

通常情况下，视频号运营者进行视频号认证后，提交审核的时间为1-3个工作日，如果长时间未被审核，可在腾讯客服小程序上反映相关问题，提醒官方工作人员尽快审核。

2.2　视频号"装修"指南

打造一个视频号的过程，就像是装修一套房子。账号的各种信息，如名字、头像、简介等，都是其他用户能一眼看到的，这些信息呈现出来是否吸引人，对视频号的后续运营有很大影响。

2.2.1 名字：过目不忘

在2021微信公开课PRO上，张小龙曾提到：长期以来，微信的最大价值是每个人的微信ID，但这个ID是社交层面的，视频号的出现填补了微信在公开信息领域的不足，这让我开始从更深层次的角度来思考互联网时代下的身份ID是什么，以及有什么意义。

微信ID可以认为是将个人与其他用户区分开来，并具有显著标识的证明。在通常意义下，账号名字几乎代表着一个人在互联网的身份ID。

因此，取一个令人过目不忘且印象深刻的名字，成为视频号运营者"装修"视频号的第一任务。

视频号运营者在取名字时，需要秉承"三好"原则：好记、好理解、好传播。

好记，是指所取的名字应该简单、朗朗上口，最好是拥有一定特色，让人一看便能记住；好理解，是指所取的名字要让人一眼看完就能明白，这个账号所打造的内容大致围绕什么展开；好传播，是指所取的名字应该易于搜索和传播，具有一定的辨识度。

为了给视频号运营者以灵感和启发，笔者在此介绍两类视频号名字的取法。

1. 强化个人IP，降低认知成本

在互联网时代，一个账号的名字，就等同于一个人的IP，在取名字时，带着IP思维进行，是强化个人IP，打造自身品牌的第一步。

（1）本人姓名

直接采用本人姓名作为视频号名字，对于本身已在某一领域较为知名的运营者来说是如虎添翼。例如"作家李XX""创业教练纪XX""美妆博主丁XX"等。

这些运营者本身具有一定知名度，入驻视频号后，与其重新取一个新名字，不如直接使用本名，这对于打造个人IP具有重要意义。试想一下，一个用户在"刷"视频号时，如果恰好看见自己喜欢的教授以其姓名发布的内容，是不是会有很大可能点开这条短视频呢？

同时，采用本人姓名作为视频号名字，能够让视频号用户更加信赖该运营者，比起那些泛娱乐化的名字，采用本人姓名看起来更加正式、庄重。

值得注意的是，这里所指的本人姓名，不仅仅局限于真实姓名，视频号运营者在其他平台常用的艺名、化名等，同样属于这一范畴。

（2）品牌名称

采用品牌名称作为视频号名字，主要适用于希望打造企业品牌的运营者，例如"XX电器""XX食品"等。还可以用"品牌名称+个人姓名"的方式，将两者结合，进一步强化个人IP，例如"XX电台XX""XX读书会XX"等。

2. 强化内容定位，突出账号价值

这里所指的内容定位，是指视频号运营者对于内容的打造方向。采用以下三种取名方式，能让视频号的内容定位更加明确，可以吸引更多对该方向内容感兴趣的用户。

（1）本人姓名+包含定位的关键词

强化内容定位的第一种取名方式是"本人姓名+行业领域或内容"，

例如"XX美妆""XXPPT""XX说车""体重管理XX""XX讲道理""XX聊创业"等。这些名字的特点是，能够让用户一眼明确该账号的主要挖掘领域和主打内容方向，加深用户的印象，并让用户形成初步记忆，提到某一领域或内容，就可以想到该名字。

（2）地名+特色或垂直内容

强化内容定位的第二种取名方式是"地名+特色或垂直内容"，以此强化地域特色。例如"四川电信""楚乡美食""山东吃货"等。这些名字将地名与垂直内容结合，能够吸引当地用户的注意，尤其是对垂直内容感兴趣的当地用户。

（3）本人姓名+职业称谓

强化内容定位的第三种取名方式是"本人姓名+职业称谓"，例如"XX律师""XX英语老师""XX画家"等，让人一眼就能明白该视频号的内容定位方向，并了解视频号运营者的职业，吸引对该职业感兴趣的用户群。

在取名时，视频号运营者也可以将这两种方式结合，例如"北京房产中介小章"，这样就能直接明了地将地域、行业领域和姓名等信息完整呈现出来，有利于吸引精准目标群体。

2.2.2 头像：辨识度高

头像的重要性不言而喻，视频号的头像和名字是用户第一眼就能看到的，用户对视频号的第一印象如何，可以说全凭头像和名字。因此，设计一个特点突出、辨识度高的头像非常重要。

视频号运营者在打造头像时，要遵守以下6个基本注意事项，如图2-10所示。

图 2-10　打造视频号头像的 6 个基本注意事项

具体来讲，运营者在打造视频号头像时，可以选择以下四种类型。

1. 真人头像：营造真实感

真人头像是指使用视频号运营者真人照片作为头像，照片可以是生活照、艺术照或是搞怪照片；可以遮挡面部或露出正脸或侧脸。究竟使用哪种风格和类型的照片，需要根据视频号账号的定位来确定。例如，当视频号账号的定位是职场教育类时，选用真人照片时要尽量选用正式的且露出全脸的照片。

图 2-11 为三种常见的视频号真人头像。

图 2-11　三种常见的视频号真人头像

使用真人照片作为视频号头像，具有以下四大好处。

（1）营造真实感，拉近与用户之间的距离

将真人照片作为视频号头像，相当于将视频号运营者自身"曝光"在用户面前，用户能够非常直观地看到视频号运营者的形象，这样更容易建立双方之间的信任关系，拉近与用户之间的距离，也更能与用户之间建立坦诚相待的朋友关系，营造更为真实的氛围。

（2）发挥颜值优势，第一眼吸睛

"爱美之心，人皆有之。"人们总是对美好的事物比较向往，如果真人照片在颜值上比较突出，是"帅"或者"美"的，就能在一定程度上吸引对视频号运营者颜值有要求的用户，许多网络红人都是采用这一方式，先用头像吸引用户的注意，再利用优质内容将用户转化为粉丝。

（3）打造个人IP，加深用户印象

使用真人照片作为头像对于视频运营者打造个人IP具有重要意义。这与使用本人姓名作为账号名字的意义相似，目的就是让用户认识视频运营者，记住该运营者。使用真人照片作为头像，视频运营者无论出现在哪个平台上，都有可能被熟悉的用户认出来，在用户心中的印象会更加深刻。

（4）提防内容被搬运或抄袭，保护自身权益

视频号运营者在进行内容创作时，使用真人照片作为头像，可降低视频被搬运或抄袭的风险。因为其他用户一旦发现他们所看到的内容不是视频号运营者本人发布的，将很有可能对其他搬运或抄袭该视频的账号产生反感情绪，甚至对其进行举报或投诉。而使用真人照片作为头像的视频号运营者，可以将自己与一众搬运者或营销号剥离开来，更有利于打造原创内容。

2. 卡通头像：俏皮可爱

卡通头像是指采用卡通人物形象作为头像，视频号运营者可以选取一个与自身账号定位相符的形象做头像，可以是自己设计的漫画形象，也可以是截取其他动漫中的人物形象图片等。图2-12为三种常见的卡通头像，笔者自己的视频号头像便是根据自身形象绘制的卡通人物。

图 2-12　三种常见的卡通头像

卡通头像通常情况下更适合定位为搞怪、俏皮、可爱等风格的账号，那些视频内容较为严肃、正经的账号，通常不适合采用卡通人物作为头像。

使用卡通形象作为视频号头像，能够使视频号运营者的形象更加可爱、灵动，也能够保留一部分神秘色彩，给予用户一定的想象空间，让用户在心中自己建立一个对视频号运营者的形象，这种形象往往比真实形象更加美好。

同时，使用一些已经具有一定知名度的动漫人物形象作为头像，能够将视频号运营者形象与动漫人物形象进行强绑定，用户在了解视频号运营者时，会不自觉地代入动漫人物的性格，且认为该运营者与自己喜好一致，会先入为主地对视频号运营者产生好感。

3. 道具头像：突出定位

道具头像是指使用与自身短视频内容中经常出现的"主要角色"作

为头像,这里的"主要角色"并非只指代人物角色,而是包含了所有能够代表该账号的事物。

例如,一家专注于销售油条的早餐店,可以将视频号头像设置为自己炸的油条图片;视频号内容主要围绕自家喂养的宠物展开的账号,可以将宠物的照片设置为视频号头像;售卖鲜花的商家,可以将视频号账号头像设置为一束鲜花……总之,只要是能够让人一眼就知道这个账号的内容范围的事物,都可以设置为头像。

图2-13为三种常见的道具头像。

图2-13 三种常见的道具头像

使用重要道具作为视频号头像,是突出视频号账号定位的重要方式之一,能够非常准确、清晰地展现视频号内容定位。例如,将油条设置为头像,用户自然而然会想到这是一个与"油条"有关的视频号,当用户想观看该视频号的内容时,只需搜索关键词,然后看到熟悉的头像,便能够知道哪个是自己要找的账号。

4. 品牌头像:形成品牌效应

品牌头像是指采用品牌LOGO、标识或品牌代表形象作为视频号头像。通常情况下，企业、品牌等都必须采用品牌头像。图2-14为三种常见的品牌头像。

图 2-14　三种常见的品牌头像

上图中的三种品牌头像，分别是"四川观察""腾讯"和"京东"的视频号头像，但即便不对此进行说明，用户也能够一眼辨认出这些头像属于哪些品牌或企业，这就是品牌效应。

品牌效应是指由品牌为企业带来效应，使用品牌标识作为视频号头像，能够让用户产生更加强烈的信任感，知道这个账号是官方账号，具有一定的权威性。

同时，使用品牌头像还有利于视频号运营者强化自身的品牌形象，营造一个良好的对外形象，拉近与用户之间的距离。

上述四种头像类型，并不能完全代表所有视频号运营者在设置头像时可以选取的范围，视频号运营者要想让头像具有辨识度，一定要设计一个与自身内容定位、风格定位相契合的头像，切忌"牛头不对马嘴"，打造出一个"不伦不类"的视频号头像。

2.2.3　简介：记忆点强

简介是视频号个人信息页面的重点展示区域，由于简介相对于名字和头像，能够展示更多信息，因此在吸引用户关注上影响力更大。把握好这"一亩三分地"，言简意赅地打造出一个令人印象深刻的简介，也是视频号运营者在"装修"视频号时不可忽视的重要环节。

视频号简介根据运营主体的不同，可以分为个人账号简介和企业账号简介两种类型，这两种类型的账号在填写简介时区别较大，具体分析如下。

1. 个人账号简介：四个"表明"

当用户点击头像进入个人主页后，浏览简介的主要目的是了解这个账号的定位，及其可能发布的内容。因此，个人账号简介主要展示的是视频号运营者能够给用户提供什么价值，或怎样引起用户的兴趣。

为此，视频号运营者可以通过反思自己和询问自己的方式，表明自身的四种信息，以2~4句话写明。

（1）第一句话：表明身份

表明身份是告诉用户该账号的运营者是一个什么样的人，此时视频号运营者要询问自己"我是谁？"，并进行回答，得出来的答案便是我们在简介中需要表明的身份。

例如，视频号账号"秋叶大叔"的简介第一句话便是"秋叶品牌创始人"；知名自媒体博主"Papi酱"的简介是"一个集美貌与才华于一身的女子"；作家"李筱懿"的简介是"千万畅销书作者"。

这些带有明显身份特征的语句，既是对个人主要功绩的概括，也是对个人性格、特点的展现，对于刻画视频号运营者的形象具有重要意义。

(2)第二句话：表明领域

表明领域是告诉用户该账号处于什么领域之中，能为用户带来哪些价值。此时视频号运营者要询问自己"我是做什么的？""我能提供什么价值？"得出的答案便是简介中应该介绍的关于所处领域的话。

例如，视频号"星火数理化"的简介中就有这样一句，"在趣味的实验中，领悟数理化的应用"，由此可以看出该视频号能够教用户学习数理化知识；视频号"德云笑工厂"的简介为"每天感受中国传统艺术，每天多点快乐"，这表明该视频号能够带用户感受中国传统艺术，给用户带去快乐；视频号"超级表情包"的简介中提到"可以为大家免费定制表情包"，这表示该账号能够免费定制表情包……

这些带有领域、行业或用处的简介，能够让用户一看便知道这个视频号对其是否具有价值，用户是否感兴趣，这种简介非常适合教育类账号。

(3)第三句话：表明态度

在视频号平台上有许多同类型、同风格甚至连内容都非常相似的账号，而将这些账号区分开来的重要特征便是视频号运营者的价值观导向。而呈现账号价值观的重要区域便是个人简介处。为此，视频号运营者需要表明自身的态度，让自己在同质化竞争中脱颖而出。

在打造简介的第三句话时，视频号运营者可以询问自己"我有什么样的价值观？""我的座右铭是什么？""我信奉什么样的观念？"等问题，再将得出的答案进行优化。

例如，视频号"一条"的简介是"所有未在美好中度过的生活，都是被浪费了"，这传达出了一种希冀美好，热爱生活的价值观念；视频号

"一条匠心"的简介是"有态度、有理想、有成就的匠人故事",这是对于自身态度的表达;视频号"治愈菌"的简介提到"关于美好,要从我遇见你的那天说起",这也表达出了对美好生活、美好情感的向往……

这些较为文艺的句子,在表明视频号运营者态度的同时,也带有一股力量,让持有相同价值观的用户被吸引,从而关注这些账号。

(4)第四句话:表明联系方式

个人简介中的第四句话通常是表明联系方式,以方便广告主或用户联系视频号运营者。此时视频号运营者无须询问自己什么,只需将个人或微信群的联系方式放上去即可。

值得注意的是,为了区分广告主与用户,视频号运营者可以分别放置两种不同的联系方式,以便管理和联系。

2. 企业账号简介:三个"要素"

企业账号的简介在设置时,没有个人账号的简介那么复杂,通常表现为以下三个基本要素。

(1)要素一:定位

定位要素是指在打造企业账号时,要将该账号与企业的关系阐明。例如"某500强企业官方唯一指定账号""某企业官方服务平台"等。阐明账号与企业的关系,能使账号更具权威性,更容易获得用户信赖。企业本身具有影响力,对本企业感兴趣的用户很可能会在视频号上搜索企业官方账号,相当于自带流量。此外,视频号运营者一定要将账号定位阐明清楚,以免用户被其他仿冒账号蒙骗。

(2)要素二:价值

价值要素与个人简介中表明领域的功能类似,起到阐明企业账号主要能够提供哪些服务的作用。

例如，视频号"京东JD.COM"的简介便是"遇见美好，每天为你甄选京东好物"，表明这是一个帮助用户甄选京东好物的平台；视频号"三只松鼠"在简介中提到"彩蛋福利不定期放送"，说明该账号能够给用户发放一些福利……

（3）要素三：影响力

影响力要素是指将企业的主要功绩呈现在简介处。例如，该企业在自身领域有哪些功绩、贡献、重要作品等。这是令用户信服的一种手段，主要适用于知名度不是很高的企业，例如"××地区最大的××服务商""××年××奖项获奖公司""代表作品×××"等。

这些带有明显展示色彩的简介，能够展示企业过去的主要功绩，使用户信任该企业，了解该企业。

总而言之，无论是个人账号还是企业账号，在设置简介时，一定要根据自身实际情况，打造一个具有吸引力和记忆点强的简介。

2.3 视频号作品发布步骤

知悉视频号的开通、认证及"装修"过程后，视频号运营者就将进入作品发布阶段。如何高效且准确地发布视频号作品，是视频号运营者需要学习的下一堂课。

视频号作品发布十分简单，可以直接按照系统提示的流程执行，为了使视频号运营者更加了解发布流程，笔者将视频号作品发布分为六个步骤，逐一进行说明，如图2-15所示。

第 2 章 基础入门：奠基操作，助力视频号"大V"初长成

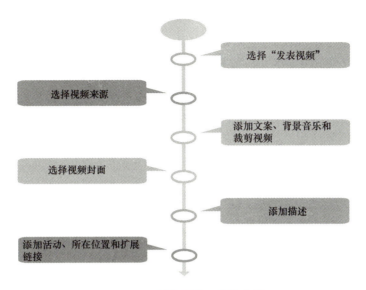

图 2-15 视频号作品发布流程

2.3.1 第一步：选择"发表视频"

点击视频号个人主页右上角的"照相机"按钮，就可以选择"发表视频"或"发起直播"，如图 2-16 所示。

图 2-16 视频号作品发布第一步

选择"发表视频"，系统将提示视频号运营者选择发布视频的账号，如果有多个视频号，视频号运营者需要切换至要发布视频的账号。在选择时，视频号运营者应细致、小心，以免将发布的内容和账号混淆。

2.3.2 第二步：选择视频来源

选择"发表视频"后，系统会提示视频号运营者选择视频来源，包含"拍摄"和"从手机相册选择"两个选项，如图2-17所示。

拍摄

从手机相册选择

取消

图2-17 视频号作品发布第二步

直接选择"拍摄"时，通常无法使视频效果达到最佳，因此视频号运营者最好是将视频拍摄完成后储存到手机相册中，再选择"从手机相册选择"，并点击选中要发布的视频。

在制作视频时，视频号运营者要按照视频号对于视频的尺寸、大小、时长、宽高比、图片数量等要求，将视频格式设置好。表2-1为视频号对视频作品的格式要求。

表2-1 视频号作品的格式要求

要求项	具体要求
尺寸	1080×1260px（竖屏） 1080×608px（横屏）
大小	不超过30M
时长	1分钟以内
宽高比	6:7 ~ 16:9均可
图片数量	9张以内

2.3.3 第三步：添加文案、背景音乐和裁剪视频

选中要发布的视频后，则进入视频剪辑页面，在这个页面，视频号

运营者可以在视频中添加文案,文案包括表情和文字,可以选择背景音乐,可以对视频时长进行裁剪,如图2-18所示。

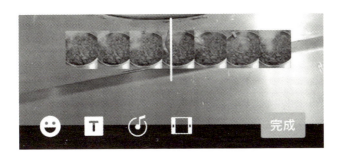

图2-18 视频号作品发布第三步

在这个过程中,视频号运营者所选择的表情、文字或背景音乐,将非常直接且清晰地呈现在视频中,所以在选择时要保持谨慎的态度,以免出现纰漏。

同时,视频号运营者在选择背景音乐时,可以先对平台推荐的一些背景音乐进行试听,挑选符合视频风格的背景音乐。如果觉得平台推荐的音乐不合适,还可以通过搜索框搜索想要的音乐。如果视频本身的背景声音过于嘈杂,视频号运营者可以将视频原声移除,再添加新的背景音乐。

2.3.4 第四步:选择视频封面

调整完视频的文案、背景音乐和时长等元素后,页面就会跳转至选择封面,如图2-19所示。

在选择视频封面时,视频号运营者可以直接在视频中选取最吸引人的一帧图片作为封面。但更好的做法是在视频外单独制作一张封面图片,将这张图片放在视频最开始的位置。

因为用户看到视频作品时首先会看到封面,封面是否吸引人直接决定了用户是否会点击观看该视频作品。视频号运营者需要打造一个兼具美观和吸引力的封面，促使更多用户点击观看。

图2-19　视频号作品发布第四步

2.3.5　第五步：添加描述

第五步是对作品添加相关描述，如图2-20所示。这个描述将会呈现在作品评论区的置顶位置，在作品转发和传播时，也会被用户看到。

图2-20　视频号作品发布第五步

在添加描述时，要注意文案内容不要过多，要简单精练且具有吸引力，将视频内容中的精彩部分阐述出来即可。

同时，视频号运营者可以添加相关话题以及@其他用户。添加相关话题是为了让作品带有话题关键词,用户搜索这一话题时,更容易搜索到视频作品。@其他用户是为了提醒被@的用户观看这一作品。视频号运营者在与其他运营者联动运营时,还可以互相@,增加双方作品的流量。

2.3.6 第六步:添加活动、所在位置和扩展链接

第六步是添加活动、所在位置和扩展链接,如图2-21所示。

图2-21 视频号作品发布第六步

添加活动是指视频号运营者可以在发布作品的同时,发起一个活动,这个活动是微信提供的供视频号用户之间进行互动的功能,视频号运营者可以发起一项具体的活动让其他用户参与。

添加所在位置是指在发布作品的同时,曝光视频号运营者所在的地理位置信息,这一举措能够使作品触发地理位置推荐机制,扩大作品的曝光量。

添加扩展链接是指在发布作品时,添加视频号平台外部链接。目前视频号平台只支持公众号文章链接,如果插入其他平台的链接,平台将提示视频号运营者"链接未能识别,请重新添加"。

2.4 视频号拍摄"三部曲"

在视频号作品质量评判中,作品的拍摄质量如何,是最能通过作品

直接展现出来的，相当于作品的"门面"，对作品的传播度有着重要影响。明确视频号拍摄流程，将每个细节落实到位，是视频号运营者打造优质内容的基础。在作品拍摄前、拍摄中和拍摄后，都有一些需要注意的事项，统称为视频号拍摄"三部曲"。

2.4.1 拍摄前：做好充足准备

在开启正式拍摄工作之前，视频号运营者需要从以下三个方面出发，做好充足的"摄前准备"。

1. 选择设备

"磨刀不误砍柴工"，拍摄设备就是视频号运营者手中的"砍柴刀"，是令视频号运营者拍摄起来事半功倍、效率倍增的利器。但这并不意味着所有视频号运营者都应该花费大量资金购买全部拍摄设备。对于视频号新手运营者而言，通常只需备齐最基础的四大设备，如图2-22所示。

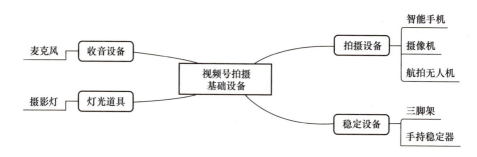

图2-22 视频号拍摄基础设备

（1）拍摄设备

拍摄设备主要包括智能手机、摄像机和航拍无人机等，每种设备的拍摄效果不同，优缺点也十分明显，如表2-2所示。在实际拍摄中，视频号运营者可根据自身需求，选择合适的拍摄设备。

表 2-2 拍摄设备的性能对比

拍摄设备	优点	缺点	适用范围
手机	机身轻便、便于携带 操作简单、上手容易 分享方便、功能强大	专业性不强 拍摄精度不够 内存有局限	相对狭小的空间和动作幅度稍大的跟拍
摄像机	比智能手机更为专业 画面效果更好	体积太大、不易携带	相对固定的场景 专业要求度高
航拍无人机	小巧轻便、视角更广 大比例尺、画面丰富	续航能力差 拍摄精度不够 受天气影响大	全景俯拍 大范围的取景

（2）稳定设备

当视频号运营者选择手机作为拍摄设备时，由于手持手机稳定性差，容易造成画面晃动的情况，就需要稳定设备来辅助视频号运营者拍摄。常见的稳定设备包括三脚架、手持稳定器等。使用摄像机拍照时，为了画面更加稳定，也需要稳定器辅助。

（3）收音设备

非专业的摄影场地中，难免会存在一些嘈杂的声音，为了降低这些环境音对视频音质的影响，拍摄时可以选择收音设备，例如麦克风等，放大需要的声音，降低环境音。

（4）灯光道具

灯光在拍摄中承担着非常重要的作用，当拍摄环境光源不足时，使用补光灯是一个不错的选择。打光能够重塑人物的面部结构，刻画拍摄画面的内容，并将人物与背景更好地区分开来，呈现更好的拍摄效果。

2．明确主题

主题是视频号运营者在拍摄前必须要明确的重点事项。在拍摄过程中,视频号运营者需要围绕主题,将人物、结构、冲突、布景和台词等方面的要素都详细写下来,以便拍摄工作的顺利开展,如表2-3所示。

表2-3 视频号作品拍摄主题所涉及的方面

视频号作品拍摄主题所涉及的方面	具体说明
人物	作品中出现的角色
主题	想要传达的中心思想
结构	剧情的整体设计、走向
冲突	剧情中吸引人的高潮部分
布景	拍摄现场景物、道具的布置
台词	人物台词(旁白、解说等)

主题承载着作品的灵魂,是作品价值观的集中体现,视频号运营者在设计主题时,一定要注意符合主流价值观导向,切忌违背公序良俗,挑战用户的道德底线,否则只会被用户谴责。

3. 布置场景

布置场景是在拍摄前打造一个环境良好且符合主题的拍摄环境,以保证拍摄的顺利完成。在布置场景时,视频号运营者需要注意以下三个方面。

(1)找准场地

选择拍摄场地时,视频号运营者需要找准适合主题的场地,营造身临其境的氛围。很多视频号运营者会将拍摄场地固定下来,每期视频都在同一场地拍摄。例如,很多教育类博主会选择站在一块黑板前,一边讲解知识,一边将重点内容在黑板上展示出来。这样一来,用户便产生了一种正在上课的感觉,更容易融入视频内容中。

（2）调好灯光

确定好拍摄场地之后，需要布置现场灯光。相对于影视剧拍摄的灯光布置，大部分短视频的拍摄对于灯光的要求不会太高。在调整灯光的过程中，视频号运营者可以先试着拍摄一些视频，找好最佳的灯光状态。

（3）避免噪音干扰

如果拍摄环境过于嘈杂，很容易会出现画外音，这将加重后期剪辑负担。为此，视频号运营者要提前确认好拍摄时是否存在噪音干扰，以免影响拍摄。

做好充足的准备是视频拍摄顺利的重要前提，如果等到正式拍摄时再来进行准备工作，那么将浪费大量时间、精力，耗费更多的成本。

2.4.2 拍摄中：巧用拍摄手法

在视频号作品拍摄过程中，使用合适的拍摄手法，能够提高作品在视觉上的效果，更加完整地表达出视频号运营者的想法。在拍摄过程中，下列基础拍摄技巧可供视频号运营者了解。

1. 选择拍摄方向

拍摄方向是指以被摄主体为中心，在同一水平面上改变拍摄角度后所选取的拍摄方向，视频号运营者可根据短视频的内容进行选择。

拍摄方向大致可以分为以下4种。

（1）正向拍摄

正向拍摄即正面方向，是指视频号运营者在拍摄短视频时从正面进行拍摄，摄像设备应置于被拍摄主体的正前方。

这种拍摄方向能够很清晰地展现被拍摄主体的正面特征，如果被拍摄主体是人物，则可以很清晰地展现人物的面部特征和表情变化，从而拉近与用户的距离感；如果被拍摄主体是景色或者其他物品时，这种拍摄方向则能够带给用户一个很直观的感受，突出被拍摄主体，便于用户观看。

如果短视频始终采用正向拍摄，可能会无法表现出被拍摄主体的立体感和空间感。

（2）背向拍摄

背向拍摄即背面方向，是指视频号运营者在拍摄短视频时从背面进行拍摄，摄像设备应置于被拍摄主体的正后方。

这种拍摄方向能够使用户产生与被拍摄主体相同的视线效果，营造强烈的现场感，使用户产生参与感，仿佛身临其境。采用背向拍摄，用户则不能直观地看到被拍摄主体的正面特征，例如人物的神态、表情、动作以及物体的正面形态，但这一拍摄手法或许会令用户发挥巨大的想象，进一步引发用户的好奇心理，从而对视频号更加关注。

（3）正侧向拍摄

所谓正侧向拍摄，是指视频号运营者在拍摄短视频时从正侧面方向拍摄，摄像设备置于被拍摄主体的正侧方，镜头与被拍摄主体的正面呈90度。

这种拍摄方向能够很直观地展示出被拍摄主体的动作方向、姿态变化等，能够很好地突出被拍摄主体的动感变化，如果被拍摄主体是人物，这种拍摄方向能够很好地展现人物之间的沟通交流与神情变化。

（4）斜侧向拍摄

所谓斜侧向拍摄，是指视频号运营者在拍摄短视频时从斜侧面方向拍摄，摄像设备应置于被拍摄主体的斜侧方，镜头置于被拍摄主体的正面和正侧面之间，并与被拍摄主体呈45度。

这种拍摄方向既能拍摄到被拍摄主体的正面，也能拍摄到被拍摄主体的侧面。采用斜侧向拍摄，能够很好地表现被拍摄主体的立体感和空间感，直观地展示被拍摄主体的主要特征及其变化过程。

上述4种比较常用的拍摄方向，视频号运营者在拍摄短视频时可以采用某种单一的拍摄方向，也可以结合多种拍摄方向。视频号运营者可根据短视频的拍摄主体以及拍摄内容选择最适合的拍摄方向。

2．选择拍摄光线

巧妙地利用拍摄光线能够使短视频看起来更有层次感，借助光与影，呈现出更完美的画面效果。

常用的拍摄光线大致有以下4种。

（1）顺光

顺光即顺着光线进行拍摄，是拍摄短视频时常用的一种采光手法。这种采光手法要求拍摄方向与光线的照射方向完全一致或基本一致。一般在拍摄颜色鲜艳多彩或者要求突出质感的物品时选用这种光线。

顺光拍摄不会有太多的阴影出现，整体画面亮度比较均匀、饱和度比较高；另外，如果被拍摄主体是人物的话，选用这种拍摄光线，能够让人物的皮肤状态更好，镜头呈现出的效果也更有精气神。

（2）逆光

逆光与顺光相反，是指拍摄方向与光线照射的方向相反，使得被拍摄主体呈现更多阴影状态。一般在凸显细节时选用这种光线，多用于特写镜头。

逆光拍摄是一种极具艺术感染力的拍摄手法，选用这种光线，被拍摄主体的面貌和神情虽无法看清，但其整体的轮廓会格外突出。使得画面更有层次感，也更能渲染意境，令用户产生巨大的视觉冲击。

（3）侧光

侧光拍摄是指摄像设备在侧面对主体进行拍摄，也就是让光线呈45度~90度照射到被拍摄主体上。

侧光拍摄能够打造多层次的光影变化，突出被拍摄主体的亮度对比效果，使得整体画面更具有真实感和立体感。同时，也更加能够凸显被拍摄主体的外形特征，若被拍摄主体是物体，则能够让物体更具质感。

（4）顶光

顶光拍摄是指光线从正上方照射到被拍摄主体上。

顶光拍摄时物体的阴影会出现在被拍摄主体的正下方，可增强被拍摄主体的对比感，使凸出的部分更加明亮，而凹陷的部分则越发阴暗。这种采光方法多用于拍摄建筑和风景等。

3. 选择运动镜头

所谓运动镜头是指在拍摄短视频时通过镜头的不断变换，使得画面内的被拍摄主体随之发生变化，或是直接移动机位，或是变化镜头焦距。

常见的运动镜头的方式有以下7种。

（1）推

推镜头是指镜头与被拍摄主体逐渐靠近，被拍摄主体在画面中逐渐放大，从而逐渐缩小视野范围，使得用户的视线随着镜头的变化而转移。

这种运动镜头能够很好地渲染气氛，让用户更好地感受短视频内容，拉近与用户的距离。

（2）拉

拉镜头是指镜头与被拍摄主体逐渐远离，被拍摄主体在画面中逐渐缩小，从而逐渐扩大视野范围，使得局部与整体之间的联系凸显。

这种运动镜头可以表现被拍摄主体在整个画面中的位置，或者用来衔接两个镜头，能够让用户有一个直观全面的感受。

（3）跟

跟镜头是指镜头随着被拍摄物体的移动而移动，运动轨迹可以是直线，也可以是弧线。

这种运动镜头能够很好地突出被拍摄主体，让用户更多地感知整个画面中的内容。但需要注意的是，这种运动镜头需要在运动中完成，所以在拍摄时尽量选择较平坦的地面，以免画面抖动，影响短视频效果。

（4）移

移镜头是指摄像设备按照一定的轨迹进行移动拍摄，多在拍摄情景剧时使用，摄像设备通常被固定在轨道上，通过滑动摄像设备进行拍摄。

这种运动镜头能够呈现出一种流畅感，让用户产生置身其中的感觉。

（5）甩

甩镜头是指镜头在上一个画面结束时快速地转向下一个方向，在甩镜头时画面会变得非常模糊，当摄像设备稳定之后，出现一个新的画面。

这种运动镜头主要用于表现时间、场景或者被拍摄主体的急剧变化，从而营造出一种紧迫感，激发用户的观看兴趣。

（6）升降

升降镜头是指借助升降装置，在升降的过程中进行拍摄。其中，升镜头是指镜头上移过程中的俯视拍摄；降镜头是指镜头下移过程中的仰视拍摄。

这种运动镜头多用于大场面拍摄，能够营造恢弘的气势。

（7）环绕

环绕镜头与移镜头类似，但重在环绕，主要有180度环绕和360度环绕，即摄像设备围绕被拍摄主体进行环绕移动拍摄，多在需要展示物体全貌时使用。

这种运动镜头能够使画面呈现出三维立体的效果，使物体更具有真实性。

视频号运营者在实际拍摄短视频的过程中，应灵活运用以上7种运动镜头，可以在一则短视频中同时运用不同的运动镜头，使整体画面更加多变，更具吸引力。

4. 选择镜头角度

镜头角度不同所呈现出的拍摄效果也不尽相同，视频号运营者在拍摄短视频时可选用以下这5种镜头角度进行拍摄。

（1）平角

平角即平视，这是最基础的镜头角度，与被拍摄主体处于同一水平线上，能够保持被拍摄物体的客观性、真实性，使用户感受到真实和自然。

（2）俯角

俯角即俯视，摄像设备从高处向下进行拍摄，可呈现较小的被拍摄主体，所以这种镜头角度一般会结合全景或远景来拍摄。

（3）仰角

仰角即仰视，这是与俯角相对应的一种镜头角度，摄像设备从低处向上进行拍摄，使得被拍摄主体在画面中显得更大。运用这种角度拍摄物体，能够体现物体的主导地位，但同时会给人造成一种压迫感。例如《动物世界》在展示很多高大的动物时一般选用这种镜头角度。

（4）斜角

斜角即斜视，是指通过倾斜镜头的方式来进行拍摄。这种镜头角度通常用来展现情绪，从而营造一种不确定的紧张感。

（5）过肩

过肩是指镜头相隔一个或多个人物的肩膀来进行拍摄。这种镜头角度通常会将被拍摄主体放置在画面的正中间。例如一些影视剧作品中，男女主角隔着人山人海站在斑马线两端时，采用的就是这种镜头角度。

2.4.3 拍摄后：掌握剪辑知识

视频拍摄完成后，运营者的主要工作便是对视频内容进行剪辑。视频号运营者要想得到一份主题明晰、内容连贯且充满感染力的成品，就需要对前期摄制的大量素材精挑细选，将有价值的素材内容进行拆解与拼接。通常情况下，这样的内容剪辑涉及的专业知识主要包括以下4个概念。

1. 帧率

剪辑过程中的帧率与摄像概念中的帧率含义相同，均指每秒钟内的画面帧数。拍摄时的帧率越高，后期剪辑时对帧率进行调整的空间就越大。例如，如果拍摄帧率选择为60fps，剪辑时该素材一秒钟内便有60帧画面可供使用。

但也并非帧率越高的素材越对剪辑有益，短视频在剪辑时常用的帧率为24fps，有时也会选择30fps，当拍摄帧率过高的素材放入常规标准的剪辑工程⊖中时，便会出现"慢动作"。例如，将拍摄帧率为60fps的素材放入帧率设置为30fps的剪辑工程中时，一秒钟的素材将需要两秒钟才能完播，视觉上便会出现"慢动作"的效果。

⊖ 剪辑工程：指在剪辑软件中新建的视频编辑项目。

适当的慢镜头可以调节视频节奏，创造惊喜感，但过多的慢镜头往往会让画面略显沉闷，带来视觉疲劳。因此，短视频中不宜长时间播放拍摄帧率高于24～25fps的画面，运营者在进行短视频剪辑时可以对素材的拍摄帧率做适当要求。

2. 帧尺寸

帧尺寸指帧画面的宽与高，即短视频的宽与高，也就是常说的"分辨率"。在剪辑工作中，视频的宽与高可以用"像素数量"表示，一个像素代表一个小方格，帧尺寸越大，构成帧画面的小方格就越多，视频画面也会越大。

例如，在分辨率为1920×1080的一段高清视频中任取一帧画面，那么其宽为1920个像素，高为1080个像素，该画面则共包含207万（1920×1080）个像素。

由于视频号平台在手机端，手机CPU的图像处理能力有限，短视频帧尺寸若过大反而会导致画面被压缩，模糊不清，因此建议视频号运营者在剪辑过程中合理设置帧尺寸，不必一味求大。例如，视频号"金铃读书"的短视频分辨率通常设置为1088×1440，效果足矣。

3. 像素比

前文已经介绍过，像素即组成画面的小方格，那么像素比便是画面中每一个小方格的长宽比。通常情况下，画面中的像素小方格是正方形，即像素比为1，此时的视频画面为人类肉眼视觉习惯的正常比例画面。

当画面像素比为0～2中除1以外的数值时，像素小方格则为长方形，此时由长方形像素组成的视频画面便是非正常比例画面，图像会被横向或纵向单一拉长。

因此，为了保证剪辑完成后最终输出的短视频不会出现画面失真和变形的情况，视频号运营者在开始剪辑之前应将工程中的像素比设置为1。

4．画面比例

画面比例即短视频画面的宽高比值，由于视频号平台的短视频以竖屏效果为佳，因此建议画面比例多选取竖屏比例，例如3:4、9:16等。短视频发布后，手机观看页面除短视频以外的空余空间将会被黑场填满，例如图2-23所示。

图2-23　视频号中短视频画面

通常视频号中短视频的画面比例不会受用户手机型号影响，视频号运营者可根据自我需求选择合适的画面比例制作短视频。

第3章 内容打造：聚焦垂直领域，做视频号用户爱看的短视频

无论在任何时代、任何平台，内容永远是第一要义，没有内容，就没有未来。即便是站在视频号这个"风口"上，我们也要依托于优质内容，才能顺利乘风而起，扶摇直上。

3.1 新人做视频号，第一步是找准定位

许多刚刚入驻视频号的新手，经常会遇到以下情况：

账号注册成功后，纠结该发布什么内容，注册一个月后账号上还是一条作品都没有；

一下子把手机里保存的短视频"一股脑儿"全发上去，结果播放量很少，粉丝数量也几乎没有上涨；

坚持围绕教育领域发布了几个作品后，又感觉粉丝更喜欢娱乐类短视频，改发娱乐类短视频，结果起初积累的粉丝开始不断"取关"，卖货也更加困难；

……

出现这些情况，从根源上来讲，都是因为视频号账号定位出了问题。新人做视频号，第一步应当是找准自身账号定位，而不是不发、随意发

或不断改发不同类型的短视频作品。

3.1.1 什么是视频号定位

当短视频行业进入下半场，竞争已日趋白热化。视频号运营者如果不先确定好自身账号的定位，就会随波逐流，会不可避免地走向同质化，而同质化严重带来的后果就是被市场和用户淘汰。

要想在这场混战中"杀"出一条血路，视频号运营者首先要做的就是找准自己的位置，对自身账号进行"定位"。

商业中"定位"的概念，是由美国营销专家阿尔·里斯[一]和杰克·特劳特[二]于1972年提出的。在当时，"定位"是一种全新的营销思维和理念，其核心观点为"每个品牌都需要一句话来表述它与竞争对手之间的区隔"。

这句话同样适用于视频号运营者，每个视频号就犹如一个个不同的品牌，要想让人记住自己的视频号，就必须给视频号打造独特的定位，在用户心中留下不可磨灭的独特印象，让用户能够一眼就区分出视频号的特点，确保视频号在用户心中有一个清晰的认知，从而提高视频号的市场竞争力和生命力。

通常情况下，视频号定位主要包含三个部分，即内容定位、市场定位和用户定位。

内容定位主要解决视频号"做什么"的问题，是最基础的运营方向；市场定位主要弄清视频号"对标谁"的问题，是视频号在市场竞争中脱颖而出的关键；用户定位主要针对"给谁看"的问题，需要分析账号的目标受众。

⊖ 阿尔·里斯：被誉为"全球定位之父"，是享誉世界的营销大师，被《公共关系周刊》评为20世纪100个最有影响力的公关人物之一。

⊖ 杰克·特劳特：全球最顶尖的营销战略家，也是美国特劳特咨询公司总裁。

例如，摄影师丁亦然在视频号上发布了一条短视频，是其拍摄的冰岛风景，如图3-1所示。

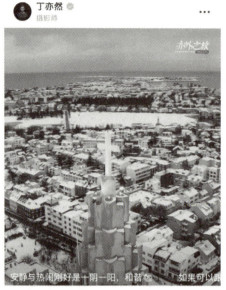

图3-1 丁亦然视频号作品

通过这条短视频，我们可简要分析得出丁亦然视频号的内容定位、市场定位和用户定位，如图3-2所示。

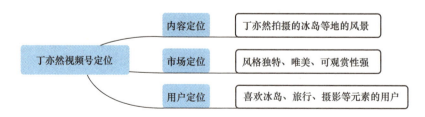

图3-2 丁亦然视频号定位

明确视频号定位，除了有利于形成独特竞争力，使视频号在用户心中留下深刻印象外，还有一个非常重要的原因：视频号平台会通过大数据，对每个视频号"贴"标签，这些标签就是每个视频号的定位，视频号平台会将定位明确、标签鲜明的作品，优先推荐给对这些标签感兴趣的用户，有利于作品的传播与扩散。

例如，站在用户的角度看，笔者在视频号页面中搜索过"美食"这一关键词后，视频号平台会默认笔者喜欢美食类作品，后续会不断为笔者推荐美食类短视频。如果视频号运营者没有形成特定的风格，视频号平台将难以将其账号划分进某一领域内，也就很难对其加以推荐。

因此，在正式发布视频号作品之前，对视频号账号进行细致定位，是决定视频号账号能否持续运营并脱颖而出的重点。

3.1.2　视频号内容定位：做什么

进行视频号内容定位，即明确视频号的内容方向。新手在刚刚入驻视频号时，面对眼花缭乱的内容方向，极有可能迷失自己。为此，笔者总结了三个视频号运营者可选择的内容打造方向，视频号运营者可结合自己的情况思考适合自己打造的内容，如图3-3所示。

第一个方向是打造与自己的专业技能特长相关的内容。视频号运营者选择自己擅长的专业技能领域，会比选择不熟悉的领域更具专业优势，也更容易迅速进入运营状态，有利于培养信心，增强运营的底气。

例如，笔者将自己的视频号定位为"教育自媒体"，内容主要围绕笔者的专业领域——企业增长课程展开，发布与企业有关的运营课程类内容，包括"成功做活动只需要套一个公式""塑造朋友圈形象的三大技巧""实现100%有效的增长，我搭建了一个模型"等。

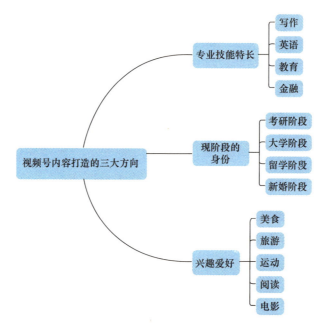

图 3-3　视频号内容打造的三大方向

第二个方向是打造与自己现阶段的身份相关的内容，包括考研阶段、大学阶段、留学阶段、新婚阶段等。视频号运营者发布带有阶段标签的内容，会令用户具有强烈的代入感，吸引同处于该阶段的用户关注视频号。

用户在进入这个阶段身份之前，可能对该阶段的事物不感兴趣，但一旦他们的身份转变，对于该阶段内容的需求将会大幅增加。例如，视频号运营者"郭郭的打怪日记"选择了与自己现阶段身份相契合的内容打造方向——"宝妈"，吸引了一些同样处于该阶段的用户的注意，一些"宝妈"为了更好地教育孩子，会大量学习关于家庭教育的知识。

第三个方向是打造与自己兴趣爱好相符的内容，例如美食、运动、阅读、电影、旅游等。每个人都有兴趣爱好，进入这些领域能够吸引众多热爱该领域事物的用户，且兴趣爱好通常伴随着人们的整个人生阶段，用户对这些内容的喜欢具有长远性和忠实性，有利于长期培养忠实粉丝。

例如，视频号"王蓝莓同学"，正是因为其运营者王娇喜爱绘画，自己在日常创作中摸索出了"手指画"，打造了鲜明的动画人物形象，成就了自身独特的内容定位。

3.1.3 视频号市场定位：对标谁

视频号的市场定位是指分析视频号内容在市场上是否具有竞争力，能够帮助视频号运营者形成独树一帜的风格。这个过程在经济学领域就是竞品分析的过程，是指对现有的或潜在的竞争产品的优劣势进行比较分析。

在经济学领域进行竞品分析时，通常会采用"竞品分析三步曲"，即选择分析目标——对比和分析——讨论和提出解决思路。运营者在对视频号进行市场定位时，可以参照这三个步骤，打造"市场定位三步曲"。

第一步：选择分析目标

选择分析目标，是视频号运营者进行市场定位的第一步。视频号运营者可以在内容产业服务平台新榜上，查阅视频号运营的相关数据。在选择分析目标时，视频号运营者可在新榜上查阅每个类型视频号的不同榜单，图3-4为新榜上呈现的2021年1月18日-24日情感类账号的榜单，排名前三的分别是"权哥-情感主播""陈醋情感"和"长春奇点"。

图 3-4　2021 年 1 月 18 日 –24 日情感类账号榜单

视频号运营者可以根据自身内容类型，对标一个头部账号，将其视为分析目标。笔者在进行视频号市场定位时，就选择了教育类视频号"萧大业"为分析目标。

第二步：对比和分析

第二步是按照若干维度，对目标进行对比和分析。视频号运营者在分析视频号定位时，要从其人设、风格和记忆点这三个维度进行分析。笔者选择的分析目标是教育类视频号"萧大业"，分析情况如表 3-1 所示。

表 3-1　视频号对比和分析的三个维度（以"萧大业"为例）

维度	具体说明	案例
人设	通过视频号内容打造的人物性格和人物形象。例如温柔、善良、专业、偏执、恶毒等	爱音乐、爱旅行、有趣、有故事的企业管理咨询师，是一个阅历深重却不忘初心的"老爷子"
风格	视频号内容以什么风格呈现。例如温暖治愈、活泼搞笑等	温暖治愈，每条作品都能给人启迪，引人深思
记忆点	记忆点无需太复杂，可以是一个细节的设计。例如一顶假发、一个动作、一种口音等	每条短视频结尾，都配上一条 Slogan："爱大叔，不如爱大业"，突出其"大爷"形象，并打造自己的独特品牌

通过对人设、风格和记忆点这三个维度的分析，我们可以发现，一个鲜活的形象通过视频号已打造出来，始终围绕这个形象打造内容，将会在用户心中留下深刻印象。

第三步：讨论和提出解决思路

第三步是通过对比和分析目标后，结合自身实际情况，给出切实可行的定位。在这个过程中，视频号运营者需要学习头部运营者好的做法，运用到自身视频号上，但不能完全模仿，使定位过于相似，否则将失去独特吸引力。

笔者在对"萧大业"进行分析之后，发现他最成功的地方是打造了一个与众不同的形象。在每个短视频作品中，他都以自身故事为切入点，阐释出一些可以使人成长的道理，既发人深省，又能引起用户的好奇心。

根据这一发现，笔者从人设、风格和记忆点这三个维度入手，打造了属于自己的定位，如表3-2所示。

表3-2 笔者的视频号定位

维度	具体说明
人设	睿智、专业、经验足的运营增长知识分享者
风格	简短干练，通过一条短视频让用户学会一个运营增长小知识
记忆点	每条短视频结尾设计"双击点赞关注我，教你更多运营增长技巧"，吸引用户关注

视频号运营者通过"市场定位三步曲"分析学习头部运营者的优势，并结合自身特色，打造属于自己鲜明的风格，这样更容易获得成功。

3.1.4 视频号用户定位：给谁看

明确用户定位，是指视频号运营者要知道自己的作品是给哪些特定人群看的，即建立清晰的用户画像。用户画像是建立在一系列真实数据之上的目标群体的用户模型,即根据用户的属性及行为特征,抽象出相应的标签,拟合而成的虚拟的形象。通常情况下,在视频号用户画像中,需要包括用户属性、用户兴趣和消费特征三大要素,如表3-3所示。

表3-3 视频号用户画像包含要素

用户画像		
用户属性	基础属性	年龄、性别、居住城市、家乡
	婚姻状况	单身、已婚、离异
	教育状况	学历、专业、院校
	家庭关系	小孩、老人(性别、数量、年龄)
	工作属性	地点、公司、行业、职位、收入
用户兴趣	社交习惯	线上:微信、QQ等
		线下:聚餐、唱K等
	消费习惯	吃:美食偏好
		穿:衣着偏好
		住:住宿环境
		行:出行方式
	特殊爱好	运动、艺术、文学、游戏、动物、旅行、理财投资等
消费特征	经济价值	消费金额、消费频次
	购买行为	消费品类广度(消费涉及的产品)
		消费品类偏好(如偏爱红色等)
		消费看重因素(价格、质量等)
		消费优惠情况(优惠券、打折等)
		购买时间偏好(上午、中午、晚上等)
		竞品使用偏好(在其他视频号上购买哪些产品)

收集这些信息并加工成一系列标签,即通过分析用户信息总结出用户的主要特征,具备这些特征的用户就是视频号运营者的目标用户群体。

收集这些信息,可以从以下三个渠道出发,分析出用户的主要特征。

渠道一：视频号

视频号本身是最具有信息获取价值的，是一切数据的基础来源。在这一渠道中，视频号后台、视频号数据表现和视频号用户的个人资料等，都是分析用户画像时不可忽视的重点。

视频号后台会自动生成关注者的相关信息，生成"关注者画像"，能够提供关注者的性别、访问设备、年龄分布、地域分布等信息，如图3-5所示。通过视频号后台提供的数据，运营者可以了解用户的基本信息。

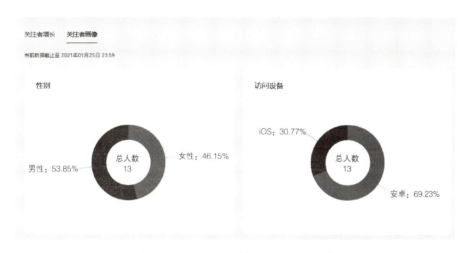

图 3-5 视频号后台的"关注者画像"

视频号数据表现是指视频号内容的播放量、点赞量、评论量等数据呈现效果。通过分析每条视频号作品的数据表现，能够发现用户更喜欢哪些作品，掌握用户偏好。

视频号用户的个人资料同样可以暴露一些信息。有些视频号用户也会在视频号上分享自己的日常生活，并设置个人简介，运营者通过其发布的短视频和个人简介可大致判断该用户的偏好。

渠道二：微信

微信是一个较为私密的个人平台，视频号运营者可以在视频号内容或视频号个人简介中放置个人微信账号，或微信群账号，吸引用户添加。通过用户的微信资料，例如头像、简介、地区、朋友圈动态，以及用户在社群中发表的言论等，进一步了解用户的真实状况，贴近用户生活。

例如，一些中年女性经常在微信朋友圈分享自己的孩子、老公，以及吃过的美食、去过的地方等内容，由此就可以判断这类用户更喜欢偏生活化和情感化的内容，对金融、政治等话题并不感兴趣。而一些中年男性则更愿意在朋友圈分享新闻热点、篮球、游戏等内容，他们更喜欢时政类内容。

掌握用户的微信信息，几乎等同于掌握了"第一手资料"，这种真实的用户信息反馈，更能帮助视频号运营者打造出目标用户群体爱看的短视频。

渠道三：第三方平台

借助第三方平台可以获取同类运营者的用户信息。例如，新榜的视频号数据平台新视，如图3-6所示。

新视致力于全方位洞察视频号相关生态，对潜力视频号、热门短视频和优秀原创脚本均有发掘作用，能持续追踪视频号信息的传播动态，为视频号运营者构建出稳定、全面的账号数据评估体系，以及为视频运营者的账号运营变现之路带来强效助力。

不过值得注意的是，新视的数据记录始于2020年的11月1日，因此在此日期之前的数据只能做简单的参考。

同类视频号运营者既是我们的竞争者，也是我们争取用户转化的重要来源。例如，上文中提到的笔者的视频号对标者"萧大业"，他的目标用户群体与笔者的相似，在分析他的目标用户群体时，笔者能更了解喜爱这一类账号的用户，形成更加立体、多面的用户画像，进而打造更优质、更符合他们喜好的内容，吸引其关注笔者的视频号。

图 3-6　新榜网站视频号分区新视主页面

建立用户画像能让视频号的目标用户群体更聚焦，从而使得视频号内容更符合用户需求，也能提高视频号运营者制作视频的效率。除此之外，拥有安全、便利且高效的电商孵化途径也同样重要。

例如，利用短视频及直播进行购物逛街的爱逛，如图 3-7 所示。

作为拥有多家品牌客户入驻并且建有百万达人孵化器的购物平台——爱逛，其除了具备根据用户喜好推荐商品、限时折扣、拼团购买等基础功能，还提供了丰富的无障碍接口，用户无须下载 App 即能从朋友圈、微信号、微信群、公众号等入口无缝跳转到视频号直播间下单，且无缝链接有赞及京东 CPS 商品池。用户只要关注订阅自己心仪的达人，便能通过视频号运营者分享好物的短视频、直播直接购买喜欢的物品。

图 3-7　爱逛网站主页

3.2　视频号用户偏爱的 6 大内容选题方向

每个短视频平台都有自己的独特"调性",是区别于其他短视频平台的独特"味道",这些"味道"的重要来源,便是每个平台用户所偏爱的内容类型。例如,抖音用户偏爱新奇、潮流的内容;快手用户偏爱关注生活的、"接地气"的内容,而视频号用户也有其特殊偏好。

3.2.1　知识性内容:有用才是硬道理

用户坚持看完一条短视频内容,一定是因为他能从中收获价值。价值的表现形式是多样的,但最突出的通常是实用价值,也就是短视频能够带给用户的知识。

视频号用户对于知识类内容格外偏爱,根据新榜发布的 2021 年 1 月月榜数据显示,教育类博主在视频号上的点赞量非常高,如图 3-8 所示。

这些知识性内容,包括语言学习、职场教育、美食教程、生活百科知识等,核心均是为用户提供实用型的教学内容,是真真实实的"干货"。这些内容本身是较为严肃的，传播性不如娱乐性内容强，但却是最有价值的，也易于深入垂直领域，吸引目标用户群体。

#	视频号		新增作品数	总点赞数	平均点赞数	最高点赞数	新榜指数
1		每天学英语口语 教育博主	36	86.0万+	23882	10万+	918.5
2	诚	品诚教英语 教育博主	127	106.8万+	8412	10万+	915.8
3		王老师劝学 教育博主	150	97.8万+	6521	10万+	908.1
4		闪电数理化	155	95.8万+	6181	10万+	906.3
5		花火数学	151	84.8万+	5617	10万+	899.0

图 3-8 2021 年 1 月新榜教育类博主数据榜单（统计截至 2021 年 2 月 1 日）

图 3-9 中的榜单第一名博主"每天学英语口语"，就立足于其英语口语知识传播这一定位，每日发布一条带有哲理性的句子，以纯正的英语口语播报出来。用户在观看短视频时，既能学习其英语口语发音，掌握新的英语词汇，又能从中获得人生启发，学到一些道理。

此外，除了我们印象中能带来实际效果的知识性内容外，那些能够给人启迪，令人增长见识的内容也属于知识性内容。例如，许多心灵手巧的视频号运营者会在视频号上展示自己亲手制作的迷你厨房、自制香皂等手工艺品；健身教练们则会利用视频号讲解健身技巧，进行动作展示；厨艺大师们会在视频号上分享美食制作技巧……总而言之，只要视频号运营者具备一技之长，都可以选择展示自己的技能、才艺，无论视频号运营者的专业程度如何，只要能给用户启迪，都能够收获一定的粉丝。

图 3-9 "每天学英语口语"的视频号页面

同时，知识性内容相较于其他内容，更容易获得点赞。出于视频号的社交推荐机制，用户在观看短视频后，更容易对知识性内容进行点赞，这类短视频经用户点赞后会出现在用户好友的推荐列表中，能够使用户在其微信好友的心中树立起一个求知、好学的形象，以展示其所关注事物的广泛性、专业性等特性，这与用户在朋友圈内转发喜爱的微信公众号文章有着异曲同工之妙。

3.2.2 趣味性内容：快乐高于一切

各类短视频平台兴起的初衷，都是为了满足人们对于娱乐化、趣味化内容的需求。因此，趣味性内容是短视频平台上一大重要内容板块，视频号也不例外。

图3-10所示为2021年1月新榜搞笑类博主数据榜单，透过该榜单可以看出位列前四的搞笑类博主，其作品的总点赞数均超过了50万+，每条作品的平均点赞量都已破万。

#	视频号	新增作品数	总点赞数	平均点赞数	最高点赞数	新榜指数
1	小丽同学1	40	73.1万+	18265	10万+	906.8
2	江晚星 搞笑幽默博主	25	64.4万+	25779	81781	903.2
3	爆笑专家	62	62.7万+	10118	10万+	891.5
4	每日一笑兔兔哥 影视综艺自媒体	48	56.0万+	11674	10万+	887.6

图3-10　2021年1月新榜搞笑类博主数据榜单（统计截至2021年2月1日）

趣味性内容的实质是能够引人发笑的内容，可以是自编自演的搞笑小品，生活中的有趣瞬间，也可以是搞怪、夸张的模仿表演，甚至是能够引发人联想的聊天记录截图。趣味性内容包括但远远不限于这些形式，凡是能够在用户观看时戳中用户笑点的内容，都可算作趣味性内容。

刻意编排的趣味性内容虽然能够令用户发笑，但有时并不能真正打动用户，很多用户都会"一笑而过"，并不会为视频号运营者点赞或关注账号。视频号运营者要想使趣味性内容更具魅力，就要尝试挖掘生活中那些真实发生的趣味瞬间，或是将可以编排的趣味性内容打造得更加真实，并加入一些符合主流价值观的观点，以及一些耐人寻味，诱人启发的思想，才能够使趣味性内容摆脱"表面性"的趣味，成为更高层次的"高级趣味"。

例如，视频号搞笑幽默博主"王蓝莓同学"，就在每次发布的趣味性内容中，加入了用户对日常生活的联想，从真实生活出发，营造令人感同身受的趣味。在其制作的一条主题为"过年碰到这事最尴尬"的短视频中，就用生动形象的绘画和人物形象，讲述了过年遇到辈分比自己大，年龄却比自己小很多的亲戚时，叫不出"叔叔""小姨"等称呼的尴尬情况。

很多用户在看完这条短视频后，纷纷表示"过年被小亲戚占过便宜的举手""我小时候还有人叫我姑奶奶"等。通过这条短视频，用户回忆起自己曾经遇到过的同样问题，引起了用户的思考，让这个笑点更加"回味悠长"。

3.2.3　生活化内容：在平淡中感悟美好生活

短视频最初进入大众眼帘中时，内容基本都是来自真实生活，通过分享自己的真实生活和观看他人的真实生活，用户与用户之间突破了"圈层"束缚，打开了了解更多其他群体的大门。

在以往的一些社交平台如微博、微信公众号上，掌握话语权，能够被更多人看见的通常只有极少数人，这些人在呈现自己的生活时，往往会令其他用户产生距离感，没有亲切感也不具代表性。

但短视频平台出现后，无论是处于何种"圈层"，从事何种职业，有何种兴趣爱好的用户，都可以随手拍摄短视频，并发布到短视频平台上，且这些短视频内容很有可能被更多人看到，并得到广泛传播。

而性格迥异、生活方式截然不同的用户们，发布的短视频在很大程度上是其现实世界的映射，是真实生活的写照。

例如，2020年年初，人们宅在家中，大量制作家庭美食的短视频火爆一时，引起了无数人的"跟风"。这些真实生活中发生的事情，因为

"接地气"受到用户广泛的喜爱。

视频号与所有的短视频平台一样,生活化的内容都颇受用户喜爱。图3-11为2021年1月新榜生活类博主数据榜单,该榜单中排名前三的生活类博主总点赞数都突破了200万,获赞量十分惊人,足以看出视频号用户对生活化内容的喜爱。

#	视频号	新增作品数	总点赞数	平均点赞数	最高点赞数	新榜指数
1	广场舞音乐吧	555	289.7万+	5219	10万+	959.8
2	劲舞广场	200	222.1万+	11102	10万+	956.2
3	福播满天下	379	213.4万+	5631	10万+	945.4

图3-11　2021年1月新榜生活类博主数据榜单(统计截至2021年2月1日)

尽管生活化内容表达的可能只是生活中的点滴小事,但正是这些小事共同组成了视频号平台上绚丽多彩的短视频内容,这也与视频号的发展理念不谋而合。正如微信创始人张小龙所说:"视频号,是一个人人皆可创作的短内容平台。"而正是这些生活化的内容,降低了用户创作短内容的门槛,充分调动了用户参与进入视频号的积极性。

3.2.4　情感类内容:从共鸣到共情

当我们沉浸视频号中会发现,相较于其他短视频平台,视频号上延续了公众号"情感鸡汤"似的风格,只是呈现形式由图文变成了视频。

纵观视频号榜单中各种类型博主的数据表现,情感类内容可谓遥遥领先,一骑绝尘。即使不刻意搜索,情感类短视频在视频号推荐中出现的频率依然相当之高,且点赞量惊人。

图 3-12 为 2021 年 1 月 8 日 -24 日新榜上情感类博主榜单排名，前三名的博主总点赞数都超过了 30 万，第一名的博主"权哥 - 情感主播"作品点赞量更是达到了 48.2 万 +。

#	视频号	新增作品数	总点赞数	平均点赞数	最高点赞数	新榜指数
1	权哥-情感主播 情感博主	20	48.2万+	24094	62424	956.6
2	陈醋情感 情感博主	22	45.5万+	20661	10万+	955.4
3	长春奇点 情感自媒体	13	38.8万+	29878	51150	945.6

图 3-12　2021 年 1 月 8 日 -24 日新榜情感类博主数据榜单

同时，根据视频号管理平台视号管家将视频号中前 500 强账号按类别进行统计，发现其中情感类账号有 97 个，音乐类账号有 68 个，这两者相加，在前 500 强账号中占据了 33% 的位置。之所以把音乐类账号算入情感内容中，是因为音乐类账号通常是以音乐形式抒发情感，内容也大都与情感有关。

情感类内容能够在视频号上获得广泛关注的重要原因，是因为情感类内容能够引起用户的情感共鸣，使用户产生一种"原来这个博主和我想的一样，他懂我"之类的想法，进而加深视频号运营者与用户之间的联系，逐渐产生共情。

情感类博主通常会采用真人出镜，直接面对镜头的方式，对生活中经常发生的关于人际交往、家庭关系、情侣关系等情感关系发表自己的看法、见解。在这个过程中，情感类博主会采用直白的语录分享方式，将他人或个人的故事融入其中，娓娓道来，使用户产生从故事中联想到自身感情经历的心路历程,进而与博主产生共情。

采用动漫、情景剧等形式来打造情感类内容的博主同样不胜枚举。例如,采用动漫形式的视频号"一禅小和尚",其经常透过动漫故事,探索情感纠葛,传递正能量,具有很强的治愈性,很受视频号用户的欢迎。

上文中提到的音乐类内容,其主要呈现方式为歌曲分享。针对不同的用户群体,视频号运营者所分享的歌曲风格、类型不同。其中,带有特定情感的老歌分享往往更容易俘获用户。例如,失恋、孤独等情感,因其基调低沉而很容易引发用户的共鸣。

3.2.5 时政热点类内容:有话题才有市场

在自媒体领域有一句名言:"90%的爆款来自热点。"这句话运用到视频号运营领域同样合适,尤其是在短视频平台逐渐成为国民应用的当下,许多用户已经习惯于利用短视频平台来"刷新闻",视频号也俨然成为一个时政热点"聚集地"。

每当有大事发生,各类短视频平台就成为各种媒体争相"刷存在感"的重要场所,视频号当然不会例外。在视频号早期内测阶段,还未有大量个人运营者涌入时,打开视频号,几乎每个用户的推荐列表中,都有多条时政热点类内容。

图3-13所示为2021年1月新榜时政热点类博主数据榜单,透过这个榜单,可以看到时政热点类内容也非常受用户的关注。

对于时政热点类内容的打造,最重要的便是抢占先机,在事件还未被其他运营者发布或是在事件正处于舆论中心时发布与其相关的内容,才能成功制造或"蹭上"热点。

#	视频号		新增作品数	总点赞数	平均点赞数	最高点赞数	新榜指数
1	中国网直播	中国互联网新闻中心	117	60.4万+	5164	10万+	953.2
2	人民网	人民网股份有限公司	51	51.2万+	10047	10万+	952.7
3	央视新闻	中央电视台	35	38.4万+	10979	10万+	937.8
4	光明日报	光明日报社	48	35.3万+	7351	10万+	927.8
5	环球网	环球时报在线(北京)文化...	82	25.1万+	3062	52803	891.9

图3-13　2021年1月新榜时政热点类博主数据榜单（统计截至2021年2月1日）

在事件还未被其他运营者发布之前发布相关内容，通常只有获取信息更加迅速、畅通的新闻媒体能够做到，这也就能够解释为什么图3-10中时政热点类博主排名前五的均为大型新闻媒体。这类媒体在发布重要事件之时，尽管掌握着"第一手"资源，但仍然要注意信息的可信度，不可为了抢占先机发布不实内容，这将会降低该媒体的可信度。

对于除大型新闻媒体之外的其他视频号运营者而言，发布时政热点类内容，显然只能从"蹭"热点出发，在打造内容时，与当下的流行热点、舆论焦点问题相结合，才有可能将热点事件的流量转移到自身的视频号上来。"蹭"热点的方式有许多种，具体内容将在第4章中展开。

3.2.6　民生类内容：与用户联系紧密

说起视频号的热门短视频类型，有一类短视频常常容易被忽略，但用户对其的关注度却始终居高不下,那就是民生类短视频。

民生类内容则与其他类型有着很大的不同,不论是何种学历,身处怎样的年龄层,有着什么样的兴趣爱好,关乎民生的大小事都会是用户愿意关注的内容。与时政热点类内容不同的是,民生类内容虽然也多为新闻报道,但它相比官方态度更加具有亲和力,且内容均聚焦在本地事件与更细腻的点滴小事上。

图3-14为2021年1月新榜统计的视频号民生类博主榜单的前三名。由榜单可以看出,民生类视频号多为地方性组织,或与民众关系亲近,官方立场与风格更生活化的媒体组织。仅仅一个主要以市级事件为内容单位的视频号账号,就能获得逾百万的总点赞量,由此可见,民生类内容在视频号上拥有较大的号召力与吸引力。

#	视频号	新增作品数	总点赞数	平均点赞数	最高点赞数	新榜指数
1	泉州网 泉州市刺桐新闻网络有限…	1020	133.3万+	1306	10万+	902.7
2	直播日照 日照广播电视台	753	101.0万+	1340	10万+	889.0
3	长江日报 长江日报报业集团(长江…	393	69.5万+	1769	10万+	873.9

图3-14 2021年1月新榜民生类博主数据榜单(统计截至2021年2月1日)

身边的"家事"是许多人茶余饭后的重要话题。民生类内容不比时政热点类内容站位高远,它致力于描绘市井百态,以地区的划分作为用户群体的分割线,用户只需要根据地域查找自己感兴趣的民生类视频号,就能及时获取该地区的各类信息。

民生类内容最大的特点在于,不论是当地发生的万众瞩目的大事件,还是无意间经人偶遇的小细节，都能成为视频号短视频的"主角"。因为它比时政热点更贴近用户的真实生活，且许多时候呈现的内容会对用户的实际生活习惯带来建议与影响。

例如，某市若因道路修护对相关公共交通工具的路线有调整，便会在视频号发出相关通知，用户只要在视频号上看到该视频便能提前知悉此事，及时调整自己的出行规划。

每一天的生活都是一个新的开始，民生类内容很难有素材枯竭的时候，且由于这类内容的重点是在介绍相关事件上，对短视频的呈现风格与制作精细度并没有太大的要求，因此也不容易出现众口难调的困境。

由此可见，专注民生类内容的视频号账号不仅在受关注用户人数上具有优势，在用户黏性上也具有天然优势。

3.3 视频号内容策划的 3 大方法

无论在哪个媒体平台上，"内容为王"都是永不过时的箴言。在视频号上，打造优质内容同样是视频号运营者工作的第一要义。如何策划视频号内容，可以分为三个维度，从基础的还原法，到进阶的拓展法，再到高阶的产品经理法，循序渐进，方可策划出点赞量 10 万 + 的爆款内容。

3.3.1 基础篇：还原法，还原爆款视频逻辑

在这个强调"内容为王"的时代，原创固然是运营视频号的最好利器。但很多时候，在实际的视频号运营过程中，尤其是在刚刚开始进行

视频号内容生产的阶段,视频号运营者们也不得不面对这样的尴尬境况:创意确实有限,也不具备自主内容创作能力,做不出原创内容。

当出现这种情况时,视频号运营者打造视频号内容的最好方式,就是还原法,即借鉴和参考他人已有的优质内容。这个方法对于刚刚运营视频号不久的新手而言,不仅操作简单,效果也很显著。

还原法并非完全照搬照抄,在这个过程中,视频号运营者既需要保留一部分内容,也需要创新一部分内容。

1. 保留部分

爆款内容之所以火爆,是因为这些内容中传达出的核心观点、精彩情节或实用技巧等内容是大众所需的,视频号运营者在"做复读机"时,需要将这些精髓部分进行保留。

(1)保留核心观点

爆款内容传达的核心观点是促使其成为爆款的重要原因,视频号运营者在进行内容"复制"时,爆款内容所传达的核心观点、见解或看法是需要保留的。

(2)保留精彩情节

一些出其不意的短视频内容,通常以故事情节出彩获得用户的喜爱,视频号运营者在进行内容"复制"时,要将原视频中最精彩的、最吸引人和引发讨论最多的情节保留。

(3)保留实用技巧

干货类爆款短视频中的实用技巧部分需要加以保留,这部分内容对于用户而言是最有价值的部分,如果该技巧能帮助许多用户解决实际困难,将很有可能得到用户的大力转发。

2. 创新部分

视频号运营者要想"还原"爆款短视频的成功，还需要对内容进行深加工和创新。

（1）创新呈现形式

创新呈现方式需要视频号运营者懂得举一反三，提炼爆款视频内容的精髓，再围绕这个精髓展开创作。例如，一个纯文字型爆款短视频之所以受到欢迎，是因为它输出了令人感悟深刻的哲理性知识。此时，视频号运营者在借鉴这个短视频时，便可以将其展现形式替换为真人出镜口述的形式。

（2）创新内容

继续以上述纯文字型爆款短视频为例，视频号运营者除了可将其展现形式替换为真人出镜口述的形式外，还可以在文字内容中加入自己的经历或故事。相比于单纯的说教，故事性的内容往往更贴合用户的需求，也更能引发用户的共鸣。融入自己的亲身经历，也能让观点更有说服力，表述更加生动。

总而言之，适当地增加、删减或改变爆款内容，融入与自身特色相符的内容，会获得意想不到的效果。

（3）创新个人风格

视频号运营者的风格是吸引用户关注的重要因素之一，也是用户区分不同视频号运营者的关键所在。在借鉴爆款内容时，视频号运营者最需要注意的就是不要完全借鉴他人风格。当短视频内容相似，风格也一致时，将很容易形成同质化内容，用户能够一眼看出该运营者借鉴了他人的内容。为了避免这一状况，视频号运营者需要打造属于自己的风格。

例如，某一爆款短视频是以非常严肃、认真的态度传达观点，而视频号运营者本身却是一个非常幽默的人。此时该运营者就可以结合自身风格，以幽默、搞笑的方式，将这个观点传达出来。

通过保留与创新相结合的方式，视频号运营者就能够在继承前人智慧的基础上，令用户感到耳目一新。

3.3.2 进阶篇：拓展法，挖掘深层关系

简单的借鉴和模仿仅能支撑视频号运营者在运营初期的内容需求，长此以往视频号将丧失核心竞争力，难以获得用户长久的喜爱。要想做出真正的爆款，视频号运营者需要将他人的技巧转化为自己的知识，并传达与自身密切相关的内容，才能形成独树一帜的风格，成为难以替代的博主。

拓展法是非常省时省力，又能迅速激发视频号运营者灵感的内容策划方式。

所谓拓展法，就是围绕视频号内容定位，从多个方面挖掘与这个定位相关的"点"，并将这些"点"放大，制作成视频号内容。拓展法的最大优势就是简单、方便，能够使视频号运营者的思路更加开阔，且贴合生活实际，既在场景打造上不需要大费周章，又能节省一定人力、物力和财力。

拓展法的实质是围绕固定的内容定位，对相关事宜进行拓展，挖掘事物的不同面，呈现出更加丰富的内容。

拓展法的具体操作方法可以以具体案例来说明。假设目前我们需要运营某手机品牌的视频号，则可以从人物拓展、要素拓展、场景拓展等方面着手。

1. 人物拓展

对手机品牌视频号进行人物拓展，可以从使用手机的主要人群出发，找出本品牌手机与众不同的特点，详细介绍针对不同人群，本手机有哪些特质，适用于哪些人群。进行人物拓展时，可以展开以下联想。

☑ 学生（手机屏幕是否具有护眼功能、手机是否能够用来学习等）

☑ 年轻人（手机外观是否时尚、功能是否多样等）

☑ 老年人（手机字体是否较大、声音是否较大等）

☑ 女性（手机拍照是否具备美颜功能、外观是否符合女性审美等）

☑ 游戏玩家（手机运行速度是否流畅、玩游戏是否卡顿等）

☑ 摄影爱好者（手机拍照效果如何、是否方便外出携带等）

……

2. 要素拓展

用户对于手机品牌的关注，主要集中在与手机相关的各种要素上，将这些要素列出来，就能形成丰富的内容题材。

☑ 手机外观（颜色、形状等）

☑ 手机内存（容量大小）

☑ 手机像素（拍照效果、照相功能等）

☑ 手机运行速度（芯片、流畅度等）

☑ 手机特殊功能（盲人模式等）

☑ 手机价格（性价比）

☑ 手机代言人

☑ 手机充电速度（电池大小等）

☑ 手机信号强度

☑ 手机是否支持5G通信

☑ 手机售后服务

……

3. 场景拓展

场景拓展，是指在手机使用过程中，对可能出现的场景进行联想，再针对这些可能出现的场景打造内容，详细介绍手机在遇到这些场景时有何种表现，或应该如何处理这些事宜。

☑ 手机中出现垃圾广告时

☑ 手机位于偏远地区无信号时

☑ 手机记录不慎被删除时

☑ 手机内存不足时

☑ 手机发热、发烫时

☑ 手机频繁接到骚扰电话时

☑ 手机运行卡顿时

☑ 手机摄影故障时

……

通过对这三方面内容的联想，视频号运营者可以轻易地构建出内容框架，还可以将人物、要素和场景联系起来，共同打造内容，使得视频号内容更加丰富且具有深度。

3.3.3 高阶篇：产品经理法，使内容策划常态化

进入视频号运营的第三阶段，即视频号运营的高级阶段时，如何批

量、持续地生产爆款内容,成为视频号运营者们需要思考的首要问题。

此时,视频号内容是视频号运营者的"产品",而视频号运营者们就是产品经理。在这个过程中,了解各个爆款短视频的内容是竞品分析;策划不同的涨粉攻略是用户运营;打造属于自己的视频号内容是内容运营;维护各个社群中的粉丝是社群运营……

如果在运营账号时,发现自己难以获得粉丝,或是持续"掉粉";每次发布短视频后都反响平平,用户觉得"非常无聊"……那就说明,视频号运营者运营的产品"不好用",是一款随时都可能被人遗忘的产品。

如何才能做到批量、持续地生产爆款内容,在用户心中具备不可替代性,并实现常态化生产呢?将视频号内容生产产品化。产品化指的是将一系列人为的动作路径或常规需求转变成标准化、模式化的实现路径。在视频号内容生产上,是指将生产视频号的流程、步骤、周期等以相对固定的模式沉淀下来,形成相应标准。

内容生产产品化的目的是提高内容生产效率,并保持内容质量的稳定。无论是对于个人运营者还是团队运营者而言,如果没有统一的内容生产流程、规范和准则,将会产生一些不必要的资源浪费。

例如,视频号运营者小王在进行视频号内容生产时,没有规范的流程,结果他在发布短视频之前,才发现自己遗忘了一些内容,有时是短视频文案没写,有时是短视频字幕没有添加,这将对视频号内容生产工作产生极大影响。

要想实现内容生产产品化,需要进行以下三个步骤。

第一步,视频号运营者首先需要询问自己三个问题,如图3-15所示。

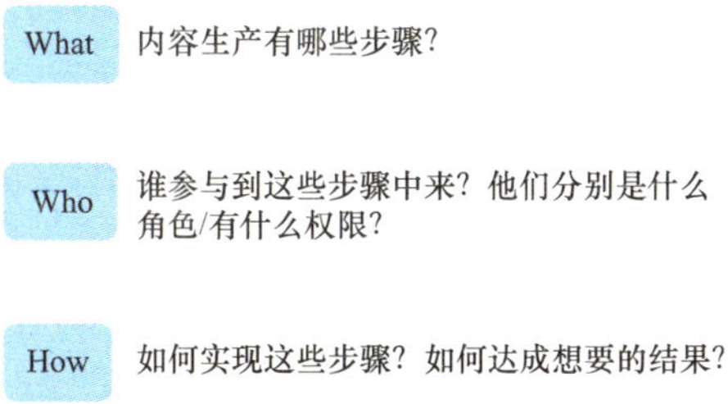

| What | 内容生产有哪些步骤？ |

| Who | 谁参与到这些步骤中来？他们分别是什么角色/有什么权限？ |

| How | 如何实现这些步骤？如何达成想要的结果？ |

图 3-15　内容生产产品化的三个问题

同时，视频号运营者需要与团队成员一起，对这些问题进行答复。

第二步，视频号运营者需要找出其中具有规律性的环节，制定相应的标准。在这个过程中，一般可以通过流程中的"共性"和"异性"问题，分别制定不可变和可变的量化标准。

共性——哪些行为具有共性？

针对共性问题，视频号运营者可提炼出规范的范本。例如，小王每次为视频号添加字幕的时间为30分钟，且每条短视频中出现的文字字数相差无几，那么就可将这个时间固定下来，要求小王在30分钟内完成该项工作。

异性——哪些差异化的维度会影响内容生产？

视频号运营者可将差异化维度提炼出来，形成规则变量指标。例如，小王拍摄短视频时，可能受到场地、脚本长度等多个因素的影响，最终导致小王的拍摄时间不受控制，视频号运营者可以对拍摄时间给出最长期限，要求小王必须在限制期限内完成。

第三步，视频号运营者在按照制定的流程进行内容生产后，依旧要坚持不断迭代和更新规则，多倾听团队各个成员的反馈，优化和完善规则。

任何事物要想获得长久的成功,都不能随心而为,需要用制度和规范进行约束,这和打造产品的逻辑如出一辙。视频号内容生产同样符合这一规律,为了持续、保质保量地打造视频号内容,视频号运营者将自己摆在产品经理的位置是必不可少的。

3.4 视频号运营者打造爆款内容的 4 个关键点

道家学说创始人老子曾有一句名言:"有道无术,术尚可求也。有术无道,止于术。"这里的"道",可以理解为事物的规律,即掌握规律,方法可以不断尝试或学习获得;但只掌握方法,不明白其中的规律,就只能停留在方法层面。视频号内容打造同样如此,视频号内容策划的方法不胜枚举,上文介绍的只是冰山一角,而理解打造视频号内容应该遵循的固有规律,才是不断输出高质量内容的关键。

3.4.1 稳定输出,坚持更新

"水滴石穿,非一日之功",打造出一条点赞 10 万+的爆款短视频虽然不易,但如果只凭一两条短视频就妄图能够"一夜成名",这是不可能的事情。因为所有"一夜成名"的背后,都有无数个日日夜夜不断努力的过程。视频号运营同样如此,只有坚持更新并保持高质量内容输出,才有可能成就爆款。

但坚持更新对于运营视频号的意义,绝不仅是为"一夜成名"做准备,主要包括以下三点。

1. 培养用户的观看习惯

维持稳定的更新频率,能够使用户养成定时观看视频号运营者短视频的习惯。例如，某视频号运营者固定在每天上午10点钟发布短视频内容，会吸引在上午10点钟拥有空闲时间的用户，用户在观看了短视频内容后，如果喜欢该内容，则会关注视频号运营者的账号。而后的每一天上午10点钟，他们都会形成定时观看该运营者短视频内容的习惯。如果哪天没有更新，甚至还有用户会询问未更新的原因。

这会令视频号运营者无形中在用户心中留下"守时""诚信"等印象，也满足了用户每天对于作品内容的期待，既有利于吸引新粉丝，也有利于维护老粉丝。

2．保证账号的活跃度

视频号平台对于每个账号的活跃度都有所监测，账号的活跃度越高，越有可能获得平台的推荐，作品越能够被更多人看到。长时间不更新作品，除了难以得到平台推荐，更有可能被平台判定为低活跃度账号，面临封号的危机。因此，维持稳定的更新频率，是运营者必须要做的一件事情。

3．占据有利时机

坚持更新并不是只要求视频号运营者按照固定时间更新内容，还需要选择在哪个时间段内发布作品更有利。

由于每个视频号账号定位不同，目标用户群体也有所不同，目标用户的活跃时间自然也不同。例如，职场类视频号的目标用户群体多为职场人士，他们白天工作繁忙，鲜少有时间刷短视频，他们的活跃时间通常为晚上6点钟之后。因此，职场类视频号的更新时间最好定在每晚18点–21点。

通常情况下，用户在线的高峰期为中午11点–12点、下午17点–19点，这两段时间多数用户处于午间休息和下班通勤中，碎片化时间充足。但同时这两个时间段也是诸多视频号运营者发布作品的高峰期，如果与同类型账号之间差异不明显，建议不要在高峰期发布作品，以免在激烈的竞争中失利。

在微信公开课PRO现场，微信视频号团队也分享了一组视频号用户使用时间数据："用户喜爱在周五晚上打开视频号享受轻松的时刻，观看最为活跃；周日则是创作者青睐的创作和分享时刻，发布内容在周日达到顶峰。"

为了判断自身视频号究竟适合在哪个时间段发布作品，视频号运营者可以在运营初期进行多次尝试，分别在不同时间段发布作品，监测作品的传播效果，最后得出一个最佳发布时间段，将这一时间段作为固定更新时间。

坚持更新并不意味着视频号运营者要每天更新，应量力而行，在能力范围内将更新时间稳定下来，保持一定频率。例如两天更新一条，一周更新两条等。作品更新间隔周期不要太长，超过一周就很有可能被用户遗忘。

3.4.2 原创优先，保证质量

在上文讲述视频号认证方法的章节中，笔者曾提到过视频号"原创计划"，原创计划是视频号官方为了鼓励原创内容，扶持新作者而发起的计划，大部分频繁更新的视频号都会收到原创计划邀请。

参与原创计划的视频号运营者，会有以下三点好处。

第一点好处是可以降低认证门槛，在进行兴趣认证时粉丝数量要求将从1000个降低至500个；第二点好处是能通过设置明确的内容领域，获得更精准的流量推荐，账号内容将会被更多感兴趣的用户看到；第三点好处是原创作品的知识产权将得到更好的保护，视频号运营者可以通过微信视频号的自助投诉渠道便捷地对侵权内容发起投诉，维护自身利益。

通过这一政策可以明显看出，视频号对于原创内容青睐有加。据微信官方数据显示，"2020年，平台累计打击超过25万条诱导骗赞、搬运仿冒等违规内容，共处理14614个侵权投诉，保护了创作者的合法权益。"

事实上，无论在哪个媒体平台上，优质原创内容都是更受欢迎的。用户追求新鲜感和刺激感，千篇一律的同质化内容很难刺激到用户，而个性强烈、新意十足的原创内容，更容易让用户产生耳目一新的感觉，获得用户的点赞、评论或转发。

这一点在任何类型的视频号内容上都体现得淋漓尽致。在搞笑类短视频中，原创性的"笑点"能够让用户在意想不到的情况下捧腹大笑，但一旦这个"笑点"在许多短视频中出现过，用户便不会觉得好笑；生活类短视频的剧情如果与其他短视频内容相似，很容易被判定为抄袭，会影响该账号在用户心中的好感；甚至在美食制作类短视频中，许多做法一致的菜肴，也因为难以给予用户"惊喜感"而受到诟病……

而反观那些能够在自身领域不断进行原创，打造独树一帜风格的视频号，往往都取得了成功。例如，网易传媒科技有限公司的视频号"网易哒哒"，就在科普类短视频的道路上越走越远。该视频号总是能够挖掘一些困惑人们已久的生活中的小问题的答案，进行幽默式科普，不仅风格搞怪，且新奇感十足。其视频号内容主题包括"你真的会刷牙吗？""你不知道的奥特曼冷知识""古人近视了怎么办？""牛为什么看到红色会发狂"等，这些听起来就令人好奇不已的主题，成功地激发了广大用户的好奇心。

3.4.3 深挖垂直，体现差异

垂直是一种比喻，可以理解为在某一领域不断向下深挖，即视频号运营者一旦为自己的账号选定某一领域，就应当向固定类型的用户人群持续性地输出该内容，尽量不要中途更换作品类型，以免破坏其垂直性。频繁更换内容方向的账号，不仅不利于吸引更多优质粉丝，也难以维系原本已拥有的粉丝群体。

观察各平台运营者的作品和内容，可以发现一个共同的现象：但凡是在内容打造上不坚持一个类型，拍摄内容多种多样，总在变换风格和内容的账号，数据表现都不尽如人意。在粉丝基数相同的情况下，内容更为垂直的账号在商业变现率上会远高于内容发散的账号，内容风格越统一，细化越是深入的运营者，在变现上取得的效果越好。

这些现象的存在是必然的，是由视频号平台的算法机制决定的。视频号平台会根据视频号运营者发布的视频内容对其进行划分，越是能够细分进入某一领域的账号，越能够获得平台的推荐。

这种划分是平台的推荐系统对视频号运营者作品内容上的认知、理解和熟知后取得的最有价值的情报点，也是平台对观看此类视频号运营者内容用户的理解和认知。平台的推荐系统会通过大数据识别视频号运营者的特征，进行词语理解和图像识别，提取出最有价值、最吸引人的信息。

账号标签越统一，创作内容就越是容易获得平台在此分类上的推荐，也越容易被对这一领域感兴趣的用户看到，使得用户点击关注，足够的用户基数又可以引来适合的"金主"进行变现。所以,当运营者理解这个原理之后,围绕这个方法进行内容的创作一定会取得不小的成果。

视频号运营者在打造垂直性内容时,可依据差异化定位方法,找到同类运营者的不足之处,并从同类运营者的不足之处入手进行内容的修改,展现出自己的特点,跳出同类化竞争。视频号运营者内容的差异化定位可分为以下三步进行,如图3-16所示。

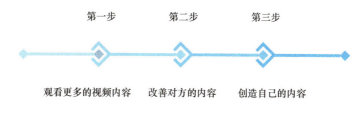

图3-16 视频号运营者内容的差异化定位方法

以体育类账号作为参考,我们可以得出以下内容:

第一步:视频号运营者需要观看大量的体育类热门视频,并对这些视频进行理解和研究。

第二步:通过理解和研究就不难发现体育类短视频都以球员比赛画面、精彩进球为热点进行内容创作和传播。

第三步:视频号运营者可确定将"体育文化"作为内容的核心主题,打造"球星精彩进球+人物简介"的运营方式,用于体育文化的传播,使内容更具文化价值。

最后,通过多次使用差异化定位方法,可以使得视频号运营者的作品更加"有特点",在该内容领域吸引精准用户,提高传播效果。

3.4.4 立足微信,整体布局

每个短视频平台都有自身独特的生态系统。在打造短视频内容时,运营者首先需要了解所处平台的特点以及其生态系统的运行方式。

例如，抖音就创建了一个创作者、消费者和广告主三足鼎立的生态系统，如图3-17所示。在抖音平台上，创作者创作短视频内容，吸引消费者关注，广告主挑选创作者进行广告投资，创作者将广告融入短视频内容中，消费者可以在抖音平台内完成购买。这就形成了一个封闭的生态系统，在整个闭环中，通常只有这三者。

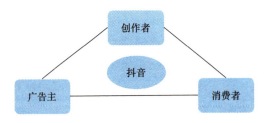

图3-17 抖音的生态系统

但视频号却大不相同。在第一章中我们就已经提到过，视频号是一个打通整个微信生态体系的连接性产品，这就意味着视频号只是整个微信大生态圈中的小环节，如图3-18所示。

图3-18 微信的生态系统

视频号既可以吸引朋友圈、搜一搜、社群、公众号和直播等微信内各个产品的流量，也可以将这些流量沉淀下来，转移输送至公众号、直播、小程序、小商店和社群中去，用户可以在微信这个大生态系统内，完成对内容的需求和产生购买行为，且方式多种多样。

因此，视频号运营者在运营视频号内容时，如果只像运营抖音一样，割裂且独立进行，本身就是一个错误的策略。微信生态系统中的流量都是可以互相转化、互相流通的，重要的是要让用户通过视频号内容，最终在微信生态系统内沉淀下来，达成购买行为。

例如，视频号运营者在打造视频号内容时，可以将公众号文章链接附在评论区，引导用户查看公众号文章，为公众号涨粉；也可以在个人简介处放上社群号码，引导用户进入社群，在群内发布相关信息，使用户成为视频号运营者私域流量池中的一员；还可以在视频号商店里放上售卖的产品，在视频号内容中对产品进行介绍，促进用户购买行为的产生；更可以在视频号上进行直播，直接售卖产品或分享生活趣事，拉近与用户之间的距离……

这一系列行为达成的重要前提，是视频号运营者要树立全局意识，整体布局微信生态系统的运营策略，而不是只单纯地专注于运营视频号。在进行视频号运营时，运营者需要同步布局直播、公众号、社群、小程序、小商店等板块，以求将变现程度最大化，IP影响力最大化。

第4章 涨粉引流：
精准裂变，让视频号粉丝量爆炸式增长

视频号运营的核心就在于涨粉、引流，没有强大的粉丝基础作为支撑，一切技巧、方法都将是无法实现的"空中楼阁"。借助视频号的推荐机制，为账号攫取源源不断的流量，是实现长足发展的关键。

4.1 微信生态圈引流：冷启动利器

视频号依托于微信生态圈发展，因此，微信生态圈中的所有应用都可以为之所用。在视频号运营初期，借好友、社群和朋友圈分享，公众号、直播和搜索引流，是成本最低、效果最好的引流方式之一。

4.1.1 好友、社群和朋友圈分享

视频号的社交推荐机制决定了分享是其底层流量获取方式，人传人的裂变效果能为视频号带来巨大流量。在微信生态圈中，视频号作品可以在好友之间、社群中和朋友圈内分享，分享起来也非常简单，视频号内容可以直接转发至这三个渠道中去。

但最困难的问题在于，如何引导用户主动分享，这需要视频号运营者分析用户产生分享行为的动机，再根据这些动机打造相应内容，促使用户主动分享。

通常情况下，用户主动分享视频号作品，主要有以下4大动机。

1. 社交需要

微信是最主要的网络社交场所，一个用户在微信上分享什么，往往意味着该用户想在微信上打造一个什么样的"人设"。这种"人设"的打造，通常需要依靠分享一些能够体现自身身份、地位或成就的内容来实现。此时，视频号作品如果能够满足用户的社交需要，为用户提供社交时需要的"谈资"，给予用户满足感和存在感，那么就会成为用户的重点分享对象。

在这种情况下，视频号运营者需要根据用户的社交需要充分了解什么样的内容能够让用户拥有"谈资"。这种内容通常是一些较为新颖的科普小知识，或是一些较为深刻的观点、见解，以及对热门事件全面且深刻地剖析。用户在看到这些视频内容时会更容易产生分享行为，愿意将这些内容转发至朋友圈，以显示自己正在关注这些事情。

2. 从众心理

当用户身边的人都在谈论某一件事情，而该用户却对此事毫不知情时，就会产生一种格格不入的感觉，他几乎会立刻搜索与该事情相关的信息，表现出自己的"合群"。这便是一种典型的"从众心理"。

同样的道理，当同一视频号作品在某个用户的朋友圈内被多次分享时，就很有可能被该用户注意到。为此，视频号运营者可以在作品发布初期，邀请一些"大V"造势，营造出该作品非常热门和受欢迎的景象，以此带动普通用户分享。

3. 情感共鸣

让用户产生分享行为的一大重要原因就是视频号作品能够让用户产生情感共鸣，也就是人们常说的"共情"。在大多数不需要权衡利弊的情况下，情绪最能够左右人的行为。例如，当人们面临两个结果相似的选择时，肯定会优先选择自己喜欢的。

理查德·耶茨曾在《十一种孤独》一书中提到："我想所谓的孤独，就是你面对的那个人，他的情绪和你自己的情绪，不在同一个频率。"既然造成孤独的原因是双方的情绪不在同一频率，那么视频号运营者将作品频率调至与用户同一频道，则会大大降低用户的孤独感，使用户感到被人理解，有人在表达他们的心声。

了解用户的情感诉求是引发用户产生情感共鸣的第一步，是使用户由被动接受转变为主动参与的基础条件。

每个视频号的定位不同，目标用户群体也各有不同，了解自身目标群体的情感诉求非常关键。例如，目标群体是已婚女性时，能够让其产生情感共鸣的内容多为家庭和孩子；而未婚的都市男女，能够让其产生情感共鸣的多半是对于未来的思考和现实的压力。

当视频号运营者在作品中传达出这些情感时，用户就会很容易产生共鸣，进而产生分享行为。他们的分享行为可以将情绪传染给更大的群体，形成广泛传播。

4. 价值共享

价值共享是指视频号用户在透过一则视频号作品收获了一定价值时，会通过分享行为将价值共享给好友。例如，当用户在一则视频号作品中了解了一些常用的PPT制作小技巧时，将很有可能把这则视频号作品进行分享，让自己的好友也能够掌握这些技巧，实现价值共享。

这是一种典型的利他心理，在自身受益后，仍然不忘让身边的朋友也能受益。由于用户利他心理的存在，视频号运营者在打造内容时，可以从让作品"有价值""有用"这一方面出发，让用户能够从作品中学到一些知识和技能，用户便自然而然地愿意将作品分享出去。

视频号运营者可以对自身目标用户群体进行分享动机分析，了解自身目标用户群体究竟会分享哪个类型、哪种风格的作品。这个过程并非是一蹴而就的，往往是一个不断尝试、不断找到正确答案的过程，坚持下去才是实现作品广泛传播，收获大量流量的关键。

4.1.2 公众号流量导入

虽然目前微信公众号阅读人数在不断减少，公众号运营者也因此锐减，但公众号仍然是微信生态圈中一块重要的流量聚集地。将公众号流量导入视频号中，也是视频号获得微信生态圈循环流量的重要方式。

将公众号流量导入视频号的导入方式可分为硬转化和软转化两种类型。

1. 硬转化：直接插入视频号信息

硬转化是指在公众号文章中直接插入视频号信息，让用户了解公众号运营者同时还在运营着一个视频号。实现硬转化的方式有以下三种，如图4-1所示。

第一种，在公众号文章内容中直接提及视频号信息。例如"最近我开通了同名视频号""这一点内容在我的视频号中有更生动的呈现"等。在公众号文章中直接提到视频号信息时，一定不能过于生硬，否则会导致文章内容脱节，引起用户的反感。视频号运营者需要在恰当的位置加入视频号信息。

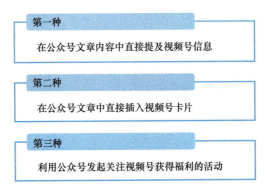

图4-1　实现公众号流量硬转化的三种方式

第二种，在公众号文章中直接插入视频号卡片。这一功能在视频号诞生之初无法达成，后来公众号与视频号打通，公众号文章中便可直接插入视频号卡片，用户点击卡片就可以直接观看视频号作品。

第三种，利用公众号发起关注视频号获得福利的活动。在公众号文章中，视频号运营者可以设置一些福利活动。例如，关注有奖、发红包、获得抽奖机会等，将获得这些福利的前提条件设置为关注视频号，吸引用户去关注视频号。虽然利用这种方式吸引而来的用户的忠诚度可能不高，但对于视频号在短期内实现快速增粉是具有极大好处的。

2. 软转化：间接引导用户关注视频号

软转化就是公众号与视频号内容联合运营。在公众号文章中设置一些悬念或遗留一些结局，并将其放置在视频号上，引导用户观看视频号内容，然后获得答案。

例如，在公众号文章中，教育类运营者可以提示用户"关注视频号听取答案""观看视频号内容获得完整资料包"等,将公众号粉丝引流至视频号上。

值得注意的是,无论是使用硬转化还是软转化的方式,前提都是视频号与公众号上的ID应保持一致,这既便于用户搜索ID进行关注,也能帮助视频号运营者打造个人IP。

同时,视频号内容的好坏是决定用户被引流后能否留存下来的关键,打造优质内容依旧是视频号运营的第一要义。

4.1.3 直播流量导入

当微信将"附近的人"板块改为"直播与附近"板块后,用户可以不用点开视频号直接观看直播,这就使得直播中,有相当大一部分用户,并不是关注了视频号的用户。这部分用户就是直播所特有的流量。

将直播中特有的流量导入视频号中,是一种将即时流量转化为长期流量的行为,视频号运营者除了打造优质直播内容外,还有一些直播中的小技巧,能够帮助视频号运营者在直播中收获更多粉丝。

利用直播获得流量的方式主要有以下5种。

1. 在直播中不断提醒用户关注

很多用户在观看直播时是出于好奇心理,想看一看这个主播直播的内容有何不同。在直播中不断提醒用户关注视频号,能够起到提醒用户的作用,用户会不自觉地点击进入视频号主页,在提醒下关注视频号。

2. 发起抽奖活动,要求用户关注

直播间是一个发起抽奖活动的重要场所,视频号运营者可以设置以关注账号为要求的抽奖活动,即只有关注账号才能参加抽奖,引导用户

关注视频号运营者。

3. 直播结尾设置悬念，吸引用户关注

在直播快结束时，视频号运营者可以设置一些悬念，吸引用户关注视频号。例如，可以告诉用户视频号运营者将发布一则作品来公布直播间中奖名单，提醒用户关注账号，查看自己是否中奖。

4. 多与用户互动

多与用户互动是一种良好的增粉方式，可以缩短视频号运营者与用户之间的距离，显得视频号运营者非常具有亲和力，这样可有效增加用户关注视频号的机率。

5. 利用同城推荐，吸引当地用户

视频号运营者在直播时应尽量打开定位，以吸引同城用户，触发视频号的地理位置推荐机制，增加直播的曝光率。通常情况下，同城用户更容易关注当地的视频号运营者。

4.1.4 搜索引流

除了我们第一章中提到过的"搜一搜"外，视频号在其主页的右上角处也设置了搜索框，用户在搜索框内输入想看的内容，就能看到一些带有搜索关键词的作品。图4-2所示为视频号搜索框页面。

图 4-2 视频号搜索框页面

许多视频号运营者也许会问,"我怎么知道用户会搜索哪些内容呢?""我如何确保用户搜索到我的视频呢?"如果能够确保用户搜索到视频号运营者的视频,那么该运营者的账号将获得大量精准流量。

为了提高作品被搜索到的概率,视频号运营者可以按照以下三个步骤,打造出一个更能被搜索到的账号。

1. 第一步:布局关键词

目前视频号的搜索引擎是基于关键词进行的,要想做好搜索引流,视频号运营者首先要明确自身目标用户群体可能会搜索的关键词。

在布局关键词时,视频号运营者需要对自己提出四个问题。

第一个问题:我是谁?

第二个问题:我的目标用户群体是谁?

第三个问题:我能帮助用户什么?

第四个问题:用户变得更优秀了吗?

第一个问题,实际上解决的是关键词的定位问题,是关键词的重要来源;第二个问题,是对目标用户群体的分析,目的是了解目标用户群体的需求,知道他们想看什么内容;第三个问题,是对自身价值的剖析,是判断自身视频内容能否满足目标用户群体的需求;第四个问题,实质是解决目标用户群体需求,是判断自身视频内容能否真正让目标用户群体受益。

结合这四个问题的回答,视频号运营者可以更精准地得出目标用户群体可能会搜索的关键词。

例如,视频号运营者"金铃读书"在布局关键词时,得出的四个答案如下。

第一个答案:我是"金铃读书",视频号内容主要围绕"书籍"展开;

第二个答案:我的目标用户群体是喜欢读书的中年女性,她们通常在职场、家庭和情感上有困惑,希望能够得到解答;

第三个答案:我能够根据书本知识,帮助别人解答在职场、家庭和情感上的问题,引导她们更加积极、正面地面对生活;

第四个答案:一些中年女性反馈,她们在观看了我的视频号内容后豁然开朗,生活更加阳光了。

通过回答这四个问题,"金铃读书"确认了自身关键词为:"中年女性""职场""家庭"和"情感"等。

2. 第二步:优化内容

在得出关键词后,视频号运营者需要根据这些关键词,对视频号内容进行优化。具体优化方式是围绕关键词进行内容创作,并在封面、标题和文案中多次提及关键词,以提高被用户搜索到的概率。

3. 第三步:提升账号权重

权重是指某一因素或指标相对于某一事物的重要程度,其不同于一般的比重,体现的不仅仅是某一因素或指标所占的百分比,强调的是因素或指标的相对重要程度,倾向于贡献度或重要性。视频号的账号权重是指账号在整个平台上的重要程度。

在用户搜索关键词后,会出现很多相关视频,越靠前的视频被用户点击的概率越大。提升视频号账号权重,将有利于作品的排序,账号权重越高，作品排序越靠前。

视频号的粉丝数量，活跃度及作品点赞量、转发量、播放量和收藏量等，都影响着账号的权重。视频号运营者需要尽可能地在这些方面获得更好的效果。

总而言之，搜索引流是一种精准且高效的方式，掌握这一引流方式是在同类型视频号中脱颖而出的关键。

4.2 矩阵引流：打造账号互推联盟

如今，人们可以在许多热门App上见到账号矩阵的运用，视频号平台也不例外，优质的矩阵模型往往可以给视频号账号带来成倍的曝光量。因此，打造账号互推联盟以借助矩阵模式为手中的账号引流，也成为许多视频号运营者的必修课。

4.2.1 何为视频号矩阵

经常刷视频号的人很容易发现，有些账号总会存在某种特定的联系，或是互动频繁，或是名称成组出现，有时甚至直接会在简介处向用户推荐某些账号，这些特别的宣传行为往往会吸引用户根据自己的兴趣再次关注更多的账号。

实际上，这类由不同的联动方式关联起多个账号，并成功实现多账号间相互引流的运营形式，便是建立视频号矩阵。矩阵原本只是一个数学基本概念，在后续的发展中逐渐被广泛运用到其他领域。而在视频号矩阵的概念里，它是指各个视频号之间能在协同合作的同时保持各自独立。

例如，视频号运营者"小北爱吃肉"，其公司就打造了大大小小50多个矩阵账号，包括"北哥好物馆""小北电台"等，覆盖了生活、情感、时尚、美妆等垂直领域。据小北透露，虽然只有1/3的账号能够盈利，但已经通过矩阵账号变现近100万元。

因此，视频号运营者手中最好持有更多账号，而这些不同定位的视频号可以实现多类粉丝覆盖，从而为视频号运营者带来比运营单一账号更全面、立体的传播效果。而成功建立视频号矩阵的前提，便是对其运营原理进行充分了解。

1. 视频号矩阵的原理

视频号矩阵的原理来自于PRAC法则，这套法则包括Platform（平台管理）、Relationship（关系管理）、Action（行为管理）和Crisis（风险管理）四个关键点，如图4-3所示。

图4-3 PRAC法则

在PRAC法则中，视频号运营者手中的主账号在视频号矩阵中起领导作用，而其余账号的意义与所有账号的具体操作方法则遵从PRAC法则中的四个关键点。

（1）平台管理

当视频号运营者手中只有一个视频号账号时，很容易出现同一个账号需要以不同角色说话的情况。例如，前一个小时的角色还是事业强人，而一小时后又变成答疑解惑的客服人员了。

以不同的文风、语气扮演不同的角色是视频号运营起来后不可避免的情况，当所有这些的状态全部出现在单一账号上时，很容易导致账号内容上的混乱，所以用额外的视频号账号分担不同的角色功能，就成为运营者的核心要务。

因此，视频号运营者需要在视频号平台上建立多个账号，以主账号为主平台，领导、管理各账号进行不同身份的角色扮演，方便运营者更有针对性地处理好用户问题，最终呈现出主将统领小兵的局面。

（2）关系管理

视频号矩阵建立起来后，只有真正联动起来才能实际发挥其最大效用。但在实际运营过程中，很多视频号运营者都没有留意到这一问题，矩阵中的账号缺失良性互动，最终导致各个账号只是自娱自乐，矩阵被荒废。

不注重各账号间的关系管理将削弱甚至失去矩阵最强的引流作用，更难以实现对主账号的助推，最终导致账号资源与人力精力的浪费。因此，做好矩阵账号间的关系管理是视频号运营者成功建立视频号矩阵后的重要关注点。

（3）行为管理

由于视频号的最终目的是吸引粉丝、IP推广、销售变现等，因此视频号矩阵中的行为管理主要包含吸引流量、品牌推广、产品销售、活动造势等经典的营销行为，视频号管理者应主动设计、操作这些内容，如有条件，最好成立专业的团队对这些行为进行有效管理与运营操作，以便有效地整合手中资源，争取合理利用"动"起来后的视频号矩阵的势能。

（4）风险管理

视频号矩阵运营虽然难度不高，但仍然存在一定的风险，其主要风险源头为粉丝言论。作为有思想的视频内容输出方，难免会在观点、表达等方面遭遇粉丝的不理解，从而受到言语攻击。

当有粉丝对某一账号出现不满时，不仅这一账号存在危机，矩阵内的其他账号也有可能会被波及。因此，视频号运营者需要对这类危机保持较高的敏感度，及时发现问题，引导舆论，合理面对、处理粉丝的负面情绪与不当言论，既不能视而不见地回避，任由其发酵，也不能情绪化地言语反击，甚至诋毁粉丝。只有保持积极向上的健康态度，才能在风险之下获取收益。

视频号运营者以PRAC法则作为核心支撑的视频号矩阵运营，会在运营过程中收获三大效应提升视频号账号的运营价值。

2. 三大效应助力提升视频号账号运营价值

视频号矩阵可以在视频号平台形成多元效应、放大效应及协同效应。这三大效应分别有以下特点。

（1）多元效应

多元效应是指同一视频号运营主体可以选择性地拍摄针对不同兴趣圈层用户的短视频作品，发布在对应相关用户的视频号账号上。

高垂直度的内容分化可以提高视频号运营者的内容溢价能力，形成内容规模效应，为视频号变现减少运营成本。同时，由于针对不同领域的账号的设立，视频号运营者可以同步扩大自己在不同圈层用户中的影响力，实现多赢。

（2）放大效应

视频号账号在运营过程中不可避免会遭遇涨粉瓶颈期，此时视频号矩阵则可以为视频号运营者带来放大效应，即通过联动不同风格、类型的账号可以将视频号运营者想传达给用户的核心概念放大，帮助账号突破瓶颈期。实际上，视频号矩阵的核心功能——引流，也是利用视频号矩阵的放大效应实现效用。

（3）协同效应

在视频号矩阵中，同一矩阵下的所有视频号账号犹如一个类团体组合，不同账号间的内容通常会相互串联，以实现多向引流，这种团结协作的状态即是协同效应。

一般而言，同一视频号矩阵内的账号可以互相关注，积极互动，这样可以共同提高账号曝光度与社群影响力。但需要注意的是，无论视频号矩阵内的单一账号是以什么身份、形式运营，最终的目的都是为了让整个团队、品牌，甚至企业主体的价值最大化。

4.2.2 视频号矩阵模型选择

基于以上介绍的PRAC法则与其三大效应，视频号矩阵可以根据视频号运营者主体的属性及所需要的账号风格，合理规划出最适合自己的3种矩阵模型。

1. HUB矩阵：一个端口多项输出

HUB原意是指"多端口转发器"，应用到矩阵模型中后，HUB矩阵则是指由一个核心主账号领导其余子账号，且子账号间为同级关系的视频号矩阵模型。

HUB矩阵中，主账号会将对应各个子账号的信息分别向下发送，由一个端口进行多项输出，子账号间信息互不产生联系，因此这类矩阵模型一般适用于分公司或集团间分隔较为明显的企业账号运营者。

例如，华特迪士尼（DISNEY）的视频号运营矩阵就是HUB模式，主账号为"华特迪士尼"，子账号分别有"迪士尼影业""上海迪士尼""香港迪士尼""漫威影业""好莱坞"等。如图4-4所示。

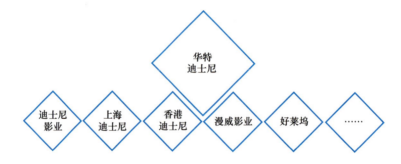

图4-4　迪士尼HUB矩阵模式

在使用HUB矩阵模型运营视频号时，大多数视频号运营者可能会选择从内容领域或风格属性上对子账号的运营范围进行划分，但实际上子账号的划分不必拘泥于此。视频号运营者还可以考虑开展本地服务，从地域范围上着力子账号的划分，从吸引本地粉丝入手，再与全国类的账号形成内容和功能上的互补。

需要注意的是，子账号间的内容选择与用户覆盖必须做到差异化，以更好地实现矩阵效果。

2."1＋N"矩阵：多个端口服务主体

"1＋N"矩阵是由1个主账号和N个子账号构成完整的宣传体系，以产品线主导子账号的内容划分,该矩阵模型可以弱化品牌定位,突显单一产品的卖点,将鲜明的产品特色作为第一印象提供给目标用户,更便于准确吸引目标用户。

因此,"1+N"矩阵通常适用于品牌结构和产品类型较为简单的企业,由多个端口共同服务一个主体。例如,某养鸡场需要通过视频号售卖鸡蛋、肉鸡、幼鸡及羽毛制品时,视频号运营者可以将"养鸡场"作为主账户,与"鸡蛋""肉鸡""幼鸡"及"羽毛制品"这四个子账号组成"1+N"矩阵,如图4-5所示。

图4-5 养鸡场短视频"1+N"矩阵模式

3. 蒲公英矩阵:围绕主体花团锦簇

蒲公英矩阵指由核心主账号发布信息后,矩阵内其余子账号进行转发,再以子账号为中心进行进一步信息扩散的矩阵模型。这类矩阵模型由多个子账号形成围绕主账号花团锦簇的状态,适用于旗下品牌较多的企业。

通常而言,该矩阵模型是由核心主账号统一管理多个辅助视频号账号,但核心主账号不能过多干涉子账号的运作。例如,腾讯企业的视频号运营矩阵采取的便是蒲公英矩阵,其核心主账号为"腾讯",其余子账号包含"腾讯新闻""腾讯视频""腾讯娱乐"等,如图4-6所示。

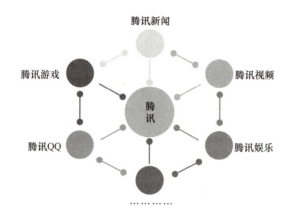

图 4-6　腾讯视频号运营蒲公英矩阵模式（部分子账号）

4.2.3　矩阵账号的运营技巧

视频号运营者在对视频号矩阵的运营原则进行充分了解并选定适用的矩阵模型后，便可以开始着手建立自己的视频号矩阵。视频号运营者在设计规划矩阵账号的阶段需要从以下两个方面掌握运营技巧。

1. 视频号矩阵的基本要素

视频号运营者在打造自己的视频号矩阵时，要注意以下两个基本要素。

（1）矩阵内每个视频号账号都要有清晰的定位

视频号矩阵是一个完整的团队，在这个团队中，每一个账号都应该有自己清晰的定位，不管它是主动角色还是被动角色，都应该完整设计其角色特点与作用。

只有先找准账号的方向，才能找准目标用户，并成为团队中具有价值且不可替代的一部分，不辜负矩阵模型的作用与效应，也方便视频号运营者在接下来的过程中合理推进矩阵中每一个账号的发展路线。

例如，视频号运营者需要设计视频号矩阵为某地旅游发展服务，除了负责旅游事务的官方部门核心主账号以外，其余子账号则可以分别通过美食、美景、网红店等方向为该地旅游账号引流。其中，负责美食内容的账号只需要以美食达人的角色身份拍摄该地的各种美食吸引用户；负责美景内容的账号则需要重点展示与介绍该地的各种美景。以此类推，最终由全部矩阵账号共同达成促使用户全面了解该地并产生旅游兴趣的效果。

（2）矩阵内每个视频号账号的风格要大体一致

在视频号矩阵的运营过程中，视频号运营者虽然需要为不同的账号设计规划不同的内容和角色身份，但应注意账号之间虽应有一定区别，仍需存在共性，即各账号的风格不能相差甚远。如果子账号间的风格太过对立，便很难实现账号间的引流，难以建立视频号矩阵间的联系。

2. 视频号矩阵的互推方式

在视频号矩阵进行流量互推也存在一些实操技巧，主要有以下三类。

（1）内容留言

内容留言即在视频号账号的下方留言，视频号运营者可以通过留言的文案内容实现定向引流，内容留言通常有以下3种方式。

① 在评论区@其他子账号

视频号运营者可以在评论文案中"@其他子账号"，以达到互相协作的作用，用户点击"@其他子账号"即可直接进行页面跳转，进入目标子账号的页面。

② 在评论区#其他话题

除了直接"@其他子账号"进行引流，视频号运营者还能利用话题功能对部分子账号进行流量连接。这样既可以选择将自己的视频与当前热门话题进行连接，获取热点流量，也可以创建新的专属话题，让有需要的子账号在同一话题内出现。

（2）多号合作

视频号运营者可以通过由两个或两个以上视频号共同制作短视频进行引流。当核心主账号拥有一定流量基础后，视频号运营者可以安排主账号与子账号联动拍摄，让主账号的用户留意到相关的子账号。

（3）简介描述

视频号运营者还可以选择在有流量基础的账号简介内添加其他账号的信息。例如，直接在简介处"@其他子账号"，建立多个联系。但需要注意的是，简介处的文字要精简，以防止影响用户第一时间注意到有需要的子账号ID。

4.2.4　矩阵账号常见问题及解决措施

由于矩阵账号涉及多个账号的运营，因此影响最终效果的要素过多，就算严格按照前文所言的法则、技巧等信息对手中的视频号矩阵进行运营，也难以规避所有的问题，但只要能掌握解决或预防的方法，便无须太过担心。视频号矩阵在实操过程中容易出现以下3类问题。

1. 定位过窄，受众用户较少

虽然视频号运营者都明白账号定位的重要性，但在对视频号账号进行定位时仍然容易出现定位过窄的问题，这种情况容易导致视频号内容营养不足，造成用户关注度不断下降的情况。

因此，视频号运营者在运营视频号矩阵时，需要为每一个子账号规划内容体量足够丰富的定位范围，以保证每一个账号在接下来的长久运营过程中，都能持续输出有价值的短视频内容，维持账号质量与用户关注度。

2．内容形式单一，没有创意

由于视频号账号矩阵同时包含多个账号，所以视频号运营者在内容输出方面较容易出现倦怠期。若视频号矩阵中的某一账号短视频内容质量持续较低，表现形式没有突破与惊喜，尤其是该账号既没有太多的创意输出，又不重视与粉丝之间的互动时，就会对视频号矩阵的资源造成浪费，出现无用子账号。

对于这种情况，视频号运营者应该时刻关注热点动向，并及时对账号内容进行复盘，寻找创意点，不忽略单一账号，保持每一个子账号内容的质量与鲜活度，避免用户流失。

3．信息更新较慢，账号被荒废

在进行矩阵账号的运营时，视频号运营者要同时兼顾多个不同定位子账号的质量，这样很容易出现更新进度跟不上，部分视频号账号更新速度过慢的情况。

出现这种问题的主要原因在于视频号运营者团队人手不足，没能为矩阵内的每个账号设置专人管理，致使部分账号陷入无人打理的"休克"状态。当一个账号的更新频率逐步减慢时，账号存在的意义也会随之大打折扣。

当出现这种力不从心的情况时，视频号运营者便需要及时对自己的团队人手进行调整，招募更多的人加入，或者与其他团队合作。若暂时不能做到增加人手，就需要考虑暂停部分子账号的运营。当然，最好的解决方式是在最开始运营时便依照团队人手与能力进行有度的规划。

4.3 评论区引流:"软"着陆

许多人在使用视频号时,不单单会观看短视频的内容,还会额外关注视频下方的评论,尤其是当一条短视频本身很有趣或质量较高时,用户对其下方的评论与回复便会抱有更高的兴趣与期待。

因为多数时候评论区里的留言可能会比短视频的内容更加天马行空、引人深思,而这些或有趣或有深度的言论,会吸引点开评论区的用户点进发言者的账号进行浏览。这一行为习惯便带出了一个重要的引流方式:评论区引流。

4.3.1 评论区引流技巧

所谓评论区引流,即视频号运营者在账号运营过程中选择与自己风格、定位类似,并拥有大量粉丝的大号进行评论互动,运营者应提前编辑好精彩言论,然后批量性地在选定的大号评论区进行评论,以吸引关注该内容领域的粉丝注意到自己。

对于视频号运营者而言,评论区引流这一方法简单且高效,因此应用率较高。但并非所有人都能收获良好效果,有些甚至毫无水花,这源于视频号运营者没有完全掌握有效评论的方式方法。熟练掌握评论区引流的技巧尤为重要,视频号运营者可以从以下角度着手。评论区引流的五大技巧如图4-7所示。

1. 有所选择的策略性

评论并非随随便便说几句话便能达到引流效果,视频号运营者在考虑评论话术时需要有所选择,讲究策略,并不能为了评论而评论,许多简单且无意义的评论，即便发出去得再快再多，也没有多少实际价值。

图 4-7　评论区引流的五大技巧

首先，视频号运营者应根据自己的账号风格与内容领域选择大量与自己的受众相似的账号。例如，主攻情感类内容的视频号，应大范围地寻找同样定位为情感类视频号的大号，这样才能将自己的账号精准曝光在目标用户面前。

其次，避免言之无物的"支持""真好""抢沙发"等言辞，评论行为最大的目的是让目标用户注意到发布评论的账号，这种无实际意义且重复率较高的评论很容易被忽略，难以产生有效价值。

最后，视频号运营者需要为自己提前准备好不同风格的评论文案，即便是输出同一领域内容的视频号，通常也会有不同的视频风格。例如，情感类的视频号，有的账号风格会偏抒情文艺，有的账号会营造更积极欢乐的气氛。相似风格的评论才更能与目标用户产生共情。因此，视频号运营者可以提前编辑好不同风格的评论，分类使用。

此外，视频号运营者还可以额外准备一些账号为自己的账号评论增加热度，进行点赞、回复等互动，以便引起目标用户的注意。

2. 亮点或诚意

如何做到让自己的评论具有吸引力？视频号运营者的评论应注重"独具亮点"与"热切诚意"两个方面。

（1）独具亮点

一般来说，一条短短的评论能够让人过目不忘，不外乎具有以下4个特质。

① 幽默言论

诙谐幽默的评论自然讨喜，不过这种幽默并不包括讽刺他人。以刺痛他人而获得乐趣的言论并不是大众认可与喜欢的价值观。视频号运营者可以选择"自黑"，往往"自黑"的言论既能迎合大众观点，又能表现出自我检讨的谦逊感，对于留下良好的第一印象有较大的帮助。

② 金句

很多短视频中，关注度最高的评论往往是字数不多但内涵深厚、效果拔群的金句。金句评论不仅能吸引到更多的关注度，也能彰显评论者的思想水平，对视频号运营者的内容质量形象有正面影响。金句评论需要视频号运营者多加揣摩。

③ 吐槽

吐槽也是大众关注度较高的一类评论，但吐槽也应得体有度，不能毫无依据地胡乱吐槽，视频号运营者应结合对方的视频观点进行有理有据的文明吐槽。

④ 深入讨论

在一些专业性较强的内容领域，视频号运营者可以对部分观点进行深入的评析和讨论，往往关注这方面内容的用户也更喜欢严谨探讨的学习氛围，只要评论的言论合理有据，且句句在点，便能成功吸引众人的目光。

这类评论通常十分考验评论者的专业素养，因此选择这类评论的视频号运营者一定要对相关领域足够了解，不能一知半解就盲目开启长篇大论，这样反而会造成不好的效果。

（2）热切诚意

在实际操作过程中，如果视频号运营者的语言表达能力不佳，或做不到语出惊人，以致难以编写出独具亮点的评论，也可以选择用长评论展现自己的诚意与认真，以期与目标用户达成共情。

在没有亮点元素的情况下，长评论同样能起到引人注目的作用，但这里的长评论也并非枯燥乏味的空洞说辞，需要真诚有情感，这样才能准确调动目标用户达成情感认同，起到"说出了自己的心里话"的效果。而过于敷衍、打广告式的长篇大论可能会引起反效果。

3. 唯快不破的时机

天下武功唯快不破，所谓兵贵神速，视频号运营者的评论要越快越好，当时机出现时便迅速把握机会。在视频号中，点赞数会直接影响到评论排序，点赞数越高评论越靠前，而早一步发出亮眼的评论，就能早一点与目标用户产生共情，早一些得到点赞、回复等互动，如滚雪球一般获得良性循环，获得最佳的位置赢得更多的曝光机会。

4. 处处留情的积极性

视频号运营者若选择了以评论区引流作为自己的引流方式，便要付出足够积极的行动，关注更多的视频号，勤评论、勤互动。

假如视频号运营者关注了50个同类账号，便意味着其拥有了50处免费推广、引流的场合，若视频号运营者能坚持在每一个账号下方都及时进行有效评论，便代表着其获得了50个免费推广、引流的曝光机会。因此，视频号运营者需要让自己具备处处留情的积极性，以赢得更多的机会。

5. 精准的目的性

除了以上4项技巧，视频号运营者还需要学会用福利引导目标用户注意、关注自己，即在评论区说明一些关注的福利，在评论区中精准表明自己的目的，可以大幅提高评论区引流的引流效果。能引发用户兴趣的福利有以下两类，如图4-8所示。

图4-8 能引发用户兴趣的两类福利

需要注意的是，不同的视频号运营者对此类引流评论的包容程度不同，有的运营者不在意这类行为，但有的运营者十分介意，因此需要视频号运营者在实际操作中总结经验，吸取教训，若关注的账号不接受此类评论，便不要再三以此打扰。

4.3.2　评论区引流注意事项

评论区引流虽然是一种简单高效的引流方法，但也并非是"一招制敌"的招式,若视频号运营者只关注自己的评论是否发出去了,没有更多的其他配合与后续操作,引流效果仍然会大打折扣。因此,在熟悉了评论区引流的操作技巧之后,视频号运营者还需要深入了解相关注意事项,以及时调整自己的实际操作。

1. 让评论区的广告"软"着陆

通常情况下,广告会较容易引起绝大多数人的反感情绪,因此太过于明显的广告很容易遭到排斥引发目标用户的负面情绪,最终引流失败且折损形象。因此,视频号运营者在进行评论区引流时,要对目标用户的定位进行适当的分析,设计出更有针对性的言辞,以实现让评论区的广告"软"着陆。

视频号运营者在编写评论区的广告文案前应先完成以下三步,如图 4-9 所示。

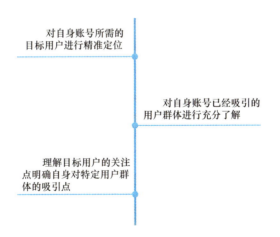

图 4-9 实现评论区广告"软"着陆的三步准备

视频号运营者在做好上述三步准备之后,即可利用总结而来的信息

进行相关评论区广告文案的编辑,稳抓目标用户群体的注意力与痛点,以实现更好的引流效果。

2. 对引流结果持续关注

不少视频号运营者在完成评论区引流的操作并得到良好效果之后,便容易放松心态,松懈注意力,不再继续追踪引流结果,对后续的内容产出也不再如在引流期间内用心——这是评论区引流操作中的大忌。

当视频号运营者运用各种技巧成功将目标用户吸引到自己的账号之后,应该继续保持相同的质量与频率对视频号内容进行更新,这样吸引过来的用户才能被留下。如果视频号的内容更新"三天打鱼,两天晒网",且内容质量也忽高忽低,刚被吸引过来还没有与运营者建立足够深厚感情的用户,将很容易取关视频号,甚至从此"避开"该账号。

长时间地保持视频号账号发布有价值的内容与不欺骗粉丝的态度,可以轻松打消新关注用户的顾虑。只有当这一部分用户对该账号产生了信任的情绪,引流才算是真正成功,这一部分用户才会愿意在后续继续关注账号,并付诸更多的用户行为。

4.4 官方引流:获得视频号官方流量扶持

官方的流量扶持也是视频号流量的重要来源。虽然视频号官方秉承着"人人皆可创作"的原则,但目前视频号正处于大力发展阶段,为了吸引用户进入,官方会对一些优质视频号内容进行流量扶持,提高用户在视频号上的留存率。此时,视频号运营者如果抓住机会,搭上"顺风车",便可获得更多流量。

4.4.1 参与视频号官方话题

视频号官方话题是指视频号平台为给予视频号运营者流量扶持，会发起一些话题，需要视频号运营者参与话题创作，并带上话题参加活动，即有可能获得更多推荐。

例如，2020年春节期间，微信视频号官方发起了#好看中国#话题，引导运营者创作相应内容，并对其中的优质内容进行推荐；2020年即将结束时，微信视频号官方发起了#点亮2021#的话题，邀请视频号运营者、用户参与活动，说出个人愿望……

参与官方话题创作，能让用户在搜索相关话题时，优先检索出带有话题关键词的内容，使视频号运营者的作品有更大曝光的可能，获得更多的播放量。

4.4.2 关注"微信视频号创造营"

视频号官方为了更好地帮助视频号运营者进行创作，搭建了一个官方教学账号——"微信视频号创造营"。

"微信视频号创造营"先后在广州、上海、北京、武汉、成都等地举办专场活动，邀请各个领域内的优秀视频号运营者分享他们运营视频号的经验。2020年11月4日，微信视频号官方还打造了"微信视频号创作营·北京泛创作者专场"，当天有300多名视频号创作者参加，微信视频号官方账号进行了同步直播。

参加这些活动不仅能让视频号运营者收获运营知识，掌握更多涨粉技巧，还能让视频号运营者的曝光率大大增加，提高自身影响力。

此外，"微信视频号创造营"还会将一些优质视频号运营者的作品发布在官方视频号中，为视频号运营者提高知名度，如图4-10所示。

图4-10 视频号官方账号页面

关注"微信视频号创造营"，对于视频号运营者跟踪视频号发展动向、学习视频号运营技巧以及获得官方流量推荐都大有裨益。

4.5 热度引流：取"他山之石"

热度通常有两大来源，一是来自热点话题，包含这类话题的视频号内容，通常不需要宣传就能引来对该话题感兴趣的用户；二是来自热点人物，即视频号"大V"，与这些粉丝数量众多的"大V"挂钩，也能获得不少流量。

4.5.1 借助热点话题引流

热点话题是指当下热门的话题和新闻，即在一定时间范围内，大众最为关心的事物。视频号运营者如果能熟练运用热点话题进行视频号的创作和传播,可以有效吸引目标用户关注。热点话题的来源较广,一般可分为两大类型,一种是常规性热点话题;另一种是非常规性热点话题。

1. 常规性热点话题

常规性热点话题是指在日常生活中比较常见且大众比较关注的话题。这种热点话题通常有迹可循,是频繁出现的热点,因而素材比较好搜集,也是最容易利用的资源,如表4-1所示。

表 4-1 常规性热点话题的来源

常规性热点话题	经典案例
国家层面的重大选举与会议	换届选举
法定节假日、纪念日和纪念活动	端午节、春节
阶段性热度话题	换季、中高考

确定一个话题是否为常规性热点,一般需要判断其是否具有以下4个特性,如图4-11所示。

图 4-11 常规性热点话题的4个特性

由于常规性热点话题具有预见性,因此视频号运营者需要把握好时机,提前准备作品,并在热点事件发生的当天发布。这类话题虽然具有时效性,但也留给了视频号运营者一定的准备周期,令视频号运营者不至于手忙脚乱。

值得注意的是，这类热点话题由于有迹可循，所以常常被诸多视频号运营者争相引用。例如，在每年的3月8日妇女节当天，几乎每个视频号运营者都会发布与女性相关的视频。此时在众人中如何脱颖而出，成为视频号运营者面临的难题。

另外，这些热点话题几乎每隔一个时间段便会再次出现，创意在无限使用中早已消耗殆尽，许多视频号运营者的观点、表现形式等都是重复此前他人的内容。如何打造出令用户耳目一新的内容，也是吸引用户注意力的关键。

由于这两大问题的存在，使得视频号运营者不得不在借助常规性热点话题时另辟蹊径，发散性地进行创作。此时，视频号运营者可以使用第3章中提到的视频号内容策划进阶篇——拓展法，尽可能多地挖掘其他视频号运营者未曾挖掘的事物的另一面，找到更新颖的切入点，带给用户更具新奇感的作品。

例如，妇女节的主角是女性，但女性可以分为多种类型且在社会中扮演着多个角色。例如，母亲、职场人士、农村女性等，挖掘这些不同类型、不同角色的闪光点，令这部分女性群体产生认同感和带入感，能够很好地引起女性用户的共鸣和共情，获得更多女性用户的关注。

2. 非常规性热点话题

非常规性热点话题是指在日常生活中不甚常见，但能在短时间内引起大众关注，引发广泛讨论的突发性话题。非常规性热点话题有以下4个特征，如图4-12所示。

非常规性热点话题一般无法预见，通常由某一突发的热点事件引发，能在极短的时间内引起大众的广泛讨论，非常能够吸引用户的注意。这种话题多是较为负面的话题，挑战了大众的道德底线，或是由于事件原因扑朔迷离，引起了大众的广泛好奇。

图4-12 非常规性热点话题的4个特征

视频号运营者在引用非常规性热点话题时，首先需要时刻关注热点事件，多浏览新闻，察觉主流媒体所报道的重大事件，以确保能够跟上热点。

其次，视频号运营者在根据非常规性热点话题打造视频号内容时，需要注意时效性，要在短时间内将内容生产出来，否则当热点消退，不再获得用户关注时，借用这一话题也将毫无意义。

最后，非常规性热点话题由于无法预见，也难以在短时间内弄清真相，所以非常容易出现反转。例如出现受害者变成加害者的情况。因此，视频号运营者在借用这些话题创作时，不要出现过于偏激、违背主流价值观的内容，以免引起用户的反感，受到用户的谴责。

视频号运营者需要牢记一句话：借用非常规性热点话题打造视频号内容的最终目的，是借用热点事件引起用户的广泛共鸣，与广大用户站在同一战线，这才是视频号运营者获得关注的关键。

无论是利用常规性热点话题还是非常规性热点话题，视频号运营者都要有意识地培养自己借助热点引流的习惯，挖掘日常生活中能够获得关注的热点，借此获得更多的流量。

4.5.2 借"大V"热度

自视频号诞生以来，逐渐涌现出越来越多的头部运营者，这些头部运营者被称为"大V"。这些"大V"通常粉丝数量众多，在某一领域内拥有较高的话语权，具有一定的影响力。如果能够借助这些"大V"的热度帮自己的视频号"添柴加薪"，也能让视频号运营者获得更多流量。

借助"大V"热度进行视频号内容创作的方式主要有以下3种。

1. 根据记忆热点，进行二次创作

许多视频号"大V"在长久地视频号内容创作中，打造出了一些令人印象深刻的"经典桥段"，成为用户的记忆点，并借此收获了大量粉丝。这些记忆点既是这些"大V"成功的关键，也是视频号运营者借助"大V"流量的关键。将这些吸引用户关注的记忆点，融入自身的内容中去，能够很好地收获更多流量。

例如，"李子柒"所打造的田园生活内容受到用户的广泛喜爱，视频号运营者"胡一"就借助这种热度打造了田园生活的内容。其作品风格虽然与"李子柒"类似，内容却完全不同，具有自身的特质。

2. 引用"大V"事迹，借用"大V"名气

视频号运营者在打造自身内容时，将其他"大V"的事迹融入短视频内容中，也是借"大V"热度的方式之一。这样打造视频号内容，既能增加内容的丰富度，也能吸引对这些"大V"感兴趣的用户。

在视频号的搜索页面中，搜索"大V"的名字，不仅会展现出"大V"自身的视频号内容，还会展现出@了"大V"或提到了"大V"的其他运营者的短视频内容。

例如,在视频号的搜索页面中搜索"大V""十点读书",就能看到视频号运营者"私域肖厂长"发布的与"十点读书"创始人林少相关的内容,如图4-13所示。

图4-13 "私域肖厂长"发布的与"十点读书"创始人林少相关的内容

3. 共同创作,谋求合作

以上两种方式都是间接借助"大V"热度的方式,还有一种直接的方式,便是与"大V"共同创作,谋求合作,实现双方共赢。

同类型账号之间会更好展开合作,因为双方的粉丝群体具有高度相似性,如果运营者能够与同类型"大V"合作,就能够精准吸引"大V"的流量,便于后续变现工作的开展。例如,视频号运营者"猴哥说车"与"八戒说车"合作拍摄短视频,起到了联动增粉的效果。

在与"大V"合作时，通常需要进行对等的条件交换，"大V"也不会在没有获得任何好处的情况下与其他视频号运营者合作，所以有时需要支付一定的费用。视频号运营者要根据自身情况，衡量最终合作的效果，综合评判，以免浪费资金。

视频号运营者在借用"大V"流量时，运用以上三种方式，能够迅速将"大V"的流量引入自己的账号。但要注意的是，这只是一种引流手段，要想让被吸引过来的用户留存下来，最重要的还是要在内容打造上多下功夫。

4.6　创始人出镜引流：最大化触发社交推荐机制

创始人出镜引流是指企业或品牌类视频号运营者，采用企业或品牌创始人出镜的方式打造内容，以获得更多流量。试想一下，原本只能通过电视节目、书籍看到的知名人物，如今每天都能够通过视频号与用户交流和沟通，是否更具有吸引力呢？

4.6.1　创始人自带影响力

相对于普通运营者出镜而言，企业或品牌创始人出镜，具有很多先天优势。

首先，创始人本身的社交影响力较大，能够最大化触发视频号社交推荐机制。企业或品牌创始人的微信好友人数众多，且这些微信好友本身也多是各个领域内的"大咖"。当创始人出镜将视频号作品在朋友圈、社群或好友间分享时，其他"大咖"基于与其的关系会帮忙转发，就这样在不断转发、点赞的过程中，视频号作品一经发布，就能形成更广泛地传播。

其次，创始人出镜会更具威严感和专业性，更能获得用户的信赖。企业或品牌创始人通常在某一领域内具有较大的话语权，知名度较广。当他们出现在视频号中，以更亲近的关系和更低的姿态与用户接触时，更容易获得用户的信赖，也能因此拉近与用户之间的距离，形成独特的竞争力。

最后，创始人能够洞悉行业发展方向，更能把握时代热点。企业或品牌创始人往往比外界更容易接触行业讯息，能够第一时间把握住时代热点。将这些前沿讯息融入视频号内容中，更有利于吸引用户，还能增强用户黏性，收获更多忠实粉丝。

虽然用创始人出镜的方式打造视频号内容的优势显著，但视频号运营者在利用这一方式吸取流量时，一定要注意提前与创始人沟通好在视频号内容拍摄上的时间，创始人通常都工作繁忙，如果"三天打鱼两天晒网"，则非但不能获得先天优势，还有可能引起用户的不满。

为此，视频号运营者需要建立一个详细的时间计划表，综合考量创始人的时间安排以及视频号更新时间，选择合适的时间进行拍摄。如果创始人工作繁忙需要出差，为了保证视频号不停更，视频号运营者可提前拍摄多期视频号内容，以免中断视频号的更新。

4.6.2 打造专属企业文化

企业或品牌创始人就像是企业或品牌的一面镜子，是对企业文化的折射。采用创始人出镜这一引流方式，不仅具有"吸粉"的先天优势，还能为视频号运营和企业发展带来后天利益。

首先，视频号能帮助企业或品牌创始人打造自身形象。当企业或品牌创始人活跃在视频号中，能够通过将创始人个人特点与企业品牌特点相结合的方式,使创始人的个人形象变得更加饱满,更能深入用户内心。

例如,"骨子里有香气的女子"这一品牌的创始人李筱懿,就坚持每期内容自己出镜,打造了主题为"每天给女孩讲一个故事"的系列内容,助力女性成长。在打造视频号内容的过程中,李筱懿也为自身树立了一个独立、自由、积极向上的女性形象,而这又有利于她吸引想要得到成长的女性,帮助她获得更具有黏性的粉丝。

图4-14为李筱懿在视频号中的形象。

图4-14 李筱懿在视频号中的形象

其次,视频号能帮助企业或品牌打造企业文化。创始人的形象几乎代表着企业的形象,创始人的风格,几乎就是企业的风格。创始人在打造视频号内容时,以企业文化、价值观为依托,对于塑造良好的企业形象非常有好处。

例如,在格力电器的官方视频号"格力电器"中,经常能看到其创始人董明珠的身影。通过展现董明珠雷厉风行、干练大方的形象,进一步塑造了格力品牌专业、先进的企业形象。

图4-15为董明珠在视频号中的形象。

图4-15 董明珠在视频号中的形象

第5章 商业变现：创造"刚需"，通过视频号挖掘"第一桶金"

一个视频号粉丝=30个快手粉丝=60个抖音粉丝，这个对等公式是针对各个平台上的粉丝消费能力以及消费意愿的不同列出来的。视频号用户之所以比快手、抖音等平台上的用户消费水平更高，与视频号平台本身变现的能力较强密不可分。

5.1 直播变现：带货标配

短视频与直播相结合的运营模式，早已成为行业主流。直播因为蕴含着巨大流量，变现能力十分惊人，也受到不少视频号运营者的追捧。如何通过直播变现，是视频号运营者需要掌握的基本变现技巧。

5.1.1 视频号直播的很强变现能力

视频号打通直播功能后，成为视频号运营中一种具有较强变现功能的新渠道。从长远来看，这种变现模式潜力无限。

1. 视频号直播未来可期

2020年10月22日，视频号直播刚刚启动不久，视频号"小小包麻麻"首次在视频号上进行直播，短短4.5个小时便吸引了2.4万人次观看，此次直播销售额超过170万元。

第5章 商业变现：创造"刚需"，通过视频号挖掘"第一桶金"

2020年11月9日，视频号"李筱懿"在视频号上开启了其直播带货的首秀，直播时长3个小时，用户6.5万人，获得34.1万喝彩，出单量近2万，图书总成交码洋⊖达190万元。

2021年3月12日，头部情感类视频号"夜听刘筱"，开启了春节后的首场带货直播。这场直播以"女神返场季·从心宠爱"为主题，针对女性用户展开。这场直播持续了近9个小时，销售了包括美妆护肤、日用百货、美食饮品、厨卫家电等各种类型的产品，总成交额达到1026万元，直播点赞量超过2000万次。

通过以上案例不难发现，视频号直播前景十分广阔。那么，相对于其他平台的直播而言，视频号直播到底具有哪些优势呢？

（1）视频号直播进入门槛低

关注主播或预约了直播的用户，在主播开播时会收到微信通知，直接点击通知消息即可进入直播间；没有关注或预约的用户也可以通过社群或朋友圈的链接一秒进入直播间，这对于迅速提升直播间人气大有裨益。

（2）视频号直播中可以直接发红包

用视频号进行直播，可以直接在直播过程中发红包，将红包信息分享至社群中，可以为直播间吸引大量流量。用户点击进入直播间抢红包，可以直接获得金钱，这对于用户的吸引力非常大。

（3）视频号直播观感体验好

视频号直播所展现的效果与微信视频聊天别无二致，这就使得视频号直播在无形中具有一种亲切感，拉近了主播与用户之间的距离。用户

⊖ 码洋：全部图书定价的总额。

还可以申请连麦，只要主播同意，便可以直接与主播交流，视频号直播最多支持4人连麦，能够营造出一种"圆桌会谈"的氛围。

（4）视频号直播转化链路短

用户在直播间购买产品时，不需要退出直播间，可以直接在弹出的购物界面购买，将直播间转为窗口播放，这对于促进产品转化率具有重要意义，减少了中间环节，也就意味着降低了用户流失率。同时，视频号直播时还可以允许放置二维码，这对于直播间转化促单大有好处。

2. 视频号直播功效显著

视频号直播主要具有以下3种功能。

（1）品牌宣传新阵地

直播是一个直观向用户展示品牌的新阵地，是在品牌与视频号运营者建立商务合作的情况下，视频号运营者帮助品牌宣传的过程。视频号直播流量巨大，拥有微信的12亿用户都能观看，这增加了品牌的曝光度，能够有效提高品牌的知名度。同时，在主播的介绍下，品牌更容易得到用户的信赖。

（2）账号"吸粉"新渠道

直播兼具娱乐性和互动性，而这两种特点是"吸粉"的关键因素。在直播过程中，主播可通过语言、行为等，不断展示个人魅力，吸引用户关注主播的视频号。同时，在与用户的互动中，会拉近主播与用户之间的距离，增强用户对主播的黏性。

（3）促销带货新方式

主播是用户与产品之间的桥梁，当用户对主播建立了足够的信任时，就会将这种信任从主播身上转移到其推销的产品上。在任何形式的销售中，用户购买产品的最佳动机就是需求和信任，当信任产生后，消费就会随之产生，这也正是直播能够促进产品销售的根本原因。

相较于传统电商只能采用图文或视频形式介绍产品的手段，直播这种由主播讲解产品的方式显然更能打动用户。首先，直播面对着成千上万的用户，且直播过程能够被记录下来，因此主播不会为了促销而夸大其词，能够保证产品功能的真实性。且用户根据主播的描述能购买到更适合自己的产品，增强用户的信赖感；其次，直播能够实时向用户展示主播的试用、试穿和试玩体验，在这种场景下，用户能够更直观、更客观地了解产品性能，更能激发用户的购买欲望。

在运营视频号的过程中，如果不抓住直播这一有力武器，对视频号运营者而言无疑是一个巨大的损失。

5.1.2　视频号直播的两种变现方式

很多短视频平台对运营者设置了较高的门槛，并非所有人都能开启直播，但在视频号上，即便是粉丝数量为零的运营者，也可以随时随地发起直播。

利用视频号进行直播，主要有两种变现方式，即打赏变现和带货变现。

1. 打赏变现

打赏变现是指在直播过程中，视频号运营者通过各种方式吸引用户，打动用户，获得用户的打赏及礼物。打赏和礼物是虚拟的，但用户需要花钱购买才能进行打赏。

此前，视频号直播并不支持打赏，没有虚拟道具，视频号运营者无法采用这一方式变现。

直到2020年12月24日，微信官方推出了一款新产品——微信豆，微信豆主要用于支付微信内虚拟物品的道具，支持在视频号中购买虚拟礼物。想要获得微信豆，用户必须充值购买，微信豆的充值费用为：7个1元、126个18元、350个50元、896个128元、2086个298元、3626个518元。

微信豆的出现改变了视频号直播不支持打赏的状况，用户可以在观看直播时，点击页面底部礼物形状的标志，选择以下礼物赠送给主播，如图5-1所示。

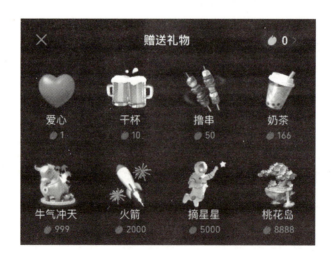

图5-1 视频号直播礼物页面

用户本可以免费观看直播，为什么会主动打赏呢？这需要视频号运营者在直播过程中把握用户的4大心理，促使用户主动打赏。

（1）助人心理

助人心理主要出现在视频号运营者与其他主播进行连麦、PK这一情况下。2020年11月视频号直播开通连麦功能，都处于直播状态之中的主播之间可以互相连接，参加PK活动，以一段时间内收到的打赏数量的多少为输赢依据。

在这种情况下，用户如果看到自己喜欢的主播处于劣势，会不由自主地产生助人心理，并进一步帮助主播取得胜利。此时，主播可以鼓励用户，或宣告自身劣势地位，引导用户进行打赏。

（2）攀比心理

在视频号直播过程中，会出现多位用户给主播打赏的情况。通常情况下，对于给予主播打赏的用户，主播都会对其表示感谢，用户打赏得越多，被主播和感谢的次数就越多。由此衍生出一种"榜一"文化，是指在直播中打赏最多，位于打赏榜单榜首的用户。"榜一"用户一般会受到主播的热情感谢，这会让直播间的其他用户的羡慕，最大程度上满足了该用户的"攀比心理"，让其觉得非常"有面子"。

在这种多位用户竞争"榜一"，争相为主播进行打赏的情况下，主播自然能够收到更多打赏，收获更多利益。

（3）感动心理

主播对用户表示感谢、关心，或是主播主动呈现出自身弱势之处，能够让用户产生一种感动、怜惜之情。例如，主播在直播时提到"最近天气转凉，大家一定要记得添加衣物，以免感冒哦！"，就很容易拉近与用户之间的距离，一些感受到主播关心的用户，就很有可能因此打赏主播。

另外，主播如果能够展示自己的弱势之处，例如，直播时间太久，嗓子哑了；长时间没有吃东西、喝水等，这些情况会让用户自然而然地认为主播是为了服务他们，所以会出现这些情况，为了回报主播，用户便会主动打赏。

（4）期待心理

期待心理主要出现在主播表演才艺之前，主播可以利用才艺表演前的一段时间"造势"，激发用户的好奇心和期待心。这里所指的才艺包括唱歌、跳舞、书法、画画、烹饪、讲课、手工制作等。主播分享自身才艺和技能时，如果效果良好，能够满足用户的期待，那么用户就会主动打赏，认为自己观看了一段非常有价值的表演。

2. 带货变现

带货变现是指在直播中售卖产品获得利润，这是一种最直接的变现方式。视频号运营者与广告主或代理商合作，在直播中推销、售卖产品，以固定金额收费或按销量抽成的方式获得利润。

视频号直播支持与微信小程序和小商店互联。在直播过程中，用户可以点击直播页面下方的商店，跳转至小程序或小商店界面购买产品，如图5-2所示。

这一功能的实现，使用户在观看直播过程中可直接购买产品，大大提高了产品的转化率，用户无须跳转至第三方平台，可以边看直播边购买产品。

第 5 章 商业变现：创造"刚需"，通过视频号挖掘"第一桶金"

图 5-2 直播中的购物页面

5.1.3 直播前：预热 + 选品 + 脚本策划

直播前的准备工作是否到位，决定了直播效果是否能够达到预期目标。直播前的准备工作主要包括 3 项：即直播预热、选品和脚本策划。

1. 直播预热

直播预热做得是否到位，直接影响着直播时的流量，是关乎整个直播效果的关键步骤。进行视频号直播预热，主要可以利用以下 4 种方式。

（1）开启直播预约

在视频号主页中，视频号运营者可以设置直播预约按钮，标明直播的具体时间，如图5-3所示。对本次直播感兴趣的用户，可以点击预约按钮，直播开始时，就会收到直播邀请通知。

◉ 03月31日(星期三)18:00 直播　　　预约

图5-3　直播预约按钮

开启直播预约按钮，对于视频号运营者而言意义重大。首先，视频号运营者可以告知所有进入视频号主页的用户，该运营者于某月某日星期几几点钟会有一场直播，是直播信息的准确表达；其次，用户如果对直播感兴趣，点击了预约，就会在直播开始前和开始时收到直播邀请通知，提醒用户进入直播间；最后，设置直播预约按钮，还能帮助视频号运营者提前预测本场直播的大致流量，根据预约人数，可以判断出此次直播有多少用户关注，以此决定是否需要在直播中增加环节、延长直播时长等。

（2）发布直播预告视频

发布直播预告视频是视频号运营者进行直播预热的另一重要方式。由于许多用户在"刷"视频号内容时，并不会点击运营者的主页，因此也很难看到主页中的直播预约按钮。此时，发布直播预告视频，就能更广泛地告知用户直播信息。

图5-4所示为视频号"夜听刘筱"在开始3月12日直播前发布的告知直播信息的视频。

在直播预告视频中，"夜听刘筱"使用了一些颇具吸引力的关键语句，引导用户关注直播信息。例如，"苹果手机，超值补贴400元""幸运女神大礼包""持续八个小时"等。通过这些关键语句可充分激发用户的好奇心，调动用户的参与热情。

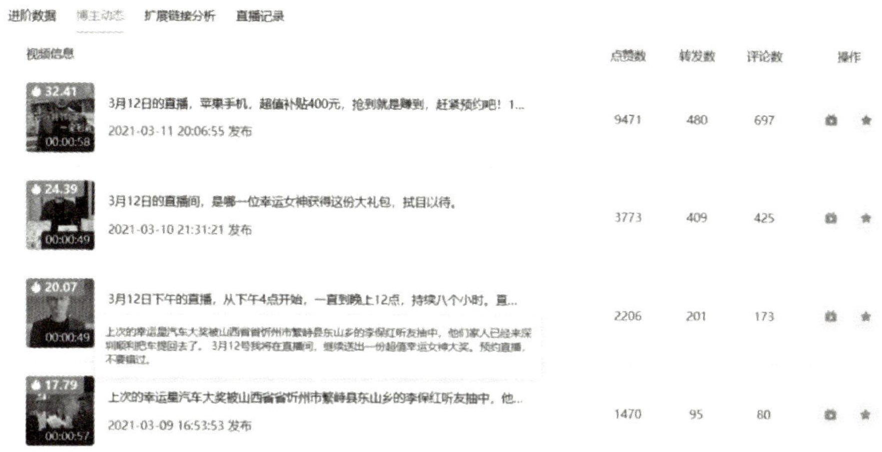

图 5-4 "夜听刘筱"的直播预告视频

（3）在好友、社群和朋友圈中发布直播信息

在微信好友、社群和朋友圈中发布直播信息是视频号直播预热的第三大手段。这种方式是最快调动私域流量的方式，也是直播流量最有力的保证。

依然以"夜听刘筱"为例。在运营视频号的过程中，"夜听刘筱"利用客服微信号，积累了20多万个微信好友，以及众多的用户社群。在直播之前，这些微信好友和社群，成为宣传的绝佳场所。"夜听刘筱"及其团队在好友、社群和朋友圈中充分宣传，将积累多年的私域流量调动起来。

（4）在公众号上发布直播信息

微信公众号也是发布直播预热信息的重要场所。微信公众号上可以发布长文章，能够更加详细地发布直播信息。在撰写公众号文章时，透露部分直播间产品的卖点、直播的重点等，可以更好地吸引用户关注直播。

"夜听刘筱"在3月12日的直播宣传中也采用了这一方式。3月9日起，"夜听刘筱"的公众号"夜听"中的每篇文章下方，不仅附上了视频号直播预约按钮，还附上了直播信息公示海报，用户可以扫码进行预约，如图5-5所示。

图5-5 "夜听刘筱"的公众号直播预热

通过以上直播预热方式，"夜听刘筱"在3月12日的直播共得到了6万多人的预约，为本次直播的顺利开启奠定了坚实的流量基础。

2．直播选品

视频号运营者在直播正式开始之前，还需要面临作为一位新手运营者的最终难题，那就是为自己的直播间甄选合适的产品。选品虽然有各式各样的方法与技巧，但其核心脱离不开以下四大参考标准。

（1）标准一：符合视频号运营者的个人特色

只有当视频号运营者直播带货的产品符合目标用户对该视频号的心理预期，才能更好地提升直播带货的转化率。

例如，因直播间"男闺蜜"这一称号被众人所熟知的"口红一哥"李佳琦，由于"男闺蜜"的身份定位，其直播间的选品绝大多数都是专注于让女性更漂亮的美妆护肤类产品；而长期称自己的粉丝为"薇娅的女人"的知名主播薇娅，也将能提升女人生活品质的家居生活类产品作为主推产品之一。

可以看出，视频号运营者的人设与账号定位将直接影响到直播运营中的选品标准——毕竟让没有育儿经验的小姑娘在直播间推荐母婴用品，不会是对这类产品感兴趣的用户愿意看到的情景，相比肉眼可见缺乏说服力的"搭配"，这类用户更希望看到有过育儿经验的宝妈能对产品进行讲解。

网上购物的购物体验远不同于线下实体店，目标用户往往会持有更多的顾虑及怀疑，若直播间内的产品种类太过繁杂，且并非视频号运营者最合适、了解的领域，不仅很难让目标用户迅速捕捉到自己感兴趣的产品，还容易给目标用户留下"不专业"的负面印象，产生信任危机。

因此，视频号运营者在选品的过程中，需要确认自己的账号定位，明确自身个人特色，再依照标好的"标签"挑选合适的产品进行直播带货行为，以保证可以更加高效、清晰地将直播间内产品的亮点准确传达给有需求的目标用户，引起目标用户的消费兴趣，并维护好彼此的信任关系。

（2）标准二：满足用户需求

视频号运营者在明确个人特色以后，便要实现成功选品的第二步——找准并满足用户需求。对于观看直播的目标用户来说，他们的需求无非在两个层面：首先是用户的浅层次需求，即用户兴趣，一般来说表现为目标用户想要购买某一类或某一个产品；其次便是用户的深层次需求，即用户刚需，是指目标用户购买某一类或某一个产品的根本动机。

例如，热衷于观看美妆类直播的用户通常是对美妆类产品有需求的人，此时，无论直播间内在推荐诸如精华、乳液等护肤类产品，还是眼影、口红等彩妆类产品，这类目标用户均会对其产生一定的兴趣，他们的身上存在购买的可能性，这是用户需求的浅层次表现。

但若是视频号运营者可以在此基础上挖掘出目标用户内心的深层次需求，并且有针对性地给予满足，直播效果将有更大的提升，选品的成功率也不言而喻。例如，在干燥的秋冬季更应该向目标用户推荐拥有强大补水功能的护肤品；衣帽、鞋袜等服饰类物品应提前备好不同颜色与尺寸的货品以满足更多用户的需求等。

对于目标用户而言，刚需产品更容易被接受。对于视频号运营者而言，刚需产品更容易被打造成爆品，且能有效避免库存积压等问题。因此，是否能挖掘出用户的深层次需求，即选品是否能满足绝大多数目标用户的刚需，应该成为视频号运营者最为重要的选品衡量标准。

（3）标准三：分析产品特性

视频号运营者选品的第三步需要从产品本身出发，即全面分析备选产品的自身特性。产品的自身特性包括产品的质量与热度两个方面，是视频号运营者需要在选品环节认真平衡的点。

① 质量

产品的质量不仅是产品的生命力来源，更是影响视频号运营者在用户心中信任度的重要因素。只有选择高质量的产品，才有利于视频号运营者与目标用户之间建立良好的信任关系，保证直播可以长期发展。

如果选择的产品质量较差，就算视频号运营者的粉丝效应再强大，也很难收获良好的用户口碑，用户黏性也不会太高；相反，即便视频号运营者没有太大的用户基数，只要其选择的产品质量过硬，实用性强，也能逐渐收获大批高黏性的目标用户群体。

因此，作为视频号运营者，在进行直播选品时需要对产品质量进行严格把关，可以从以下4个方面检验，如图5-6所示。

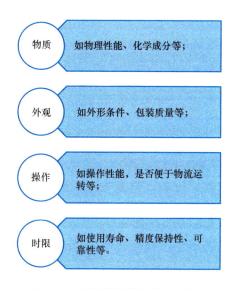

图5-6 产品质量检验的4个方面

由此可见，视频号运营者在考核产品质量时，不仅要对其包装、成分等常规问题进行查验，还应考虑实际操作的便利性与产品的使用时限等细节问题。针对后者的细节因素，视频号运营者可以运用下面两个小技巧进一步筛选产品。

❖ 重量轻、体积小

从人工成本而言,重量轻、体积小的产品更便于视频号运营者进行运输包装,既能节约人力,还能节省额外的快递包装费用;从产品的展示便利度而言,重量轻、体积小的产品更适合在直播间进行全面展示;从产品收益而言,虽然重量轻、体积小的产品由于利润低等种种便利,导致其竞争相对激烈,但相较于大件产品,这类产品的发货成本也更低,许多时候,大件产品所产生的运费甚至会超过货值。

因此,综合考虑之下,重量轻、体积小的产品最终收益往往会高于其他产品。

❖ 低频使用产品

大多数产品按照日常使用频次划分可分为高频使用产品和低频使用产品两大类。顾名思义,高频使用产品即指使用频次非常高的产品,例如牙刷、手机等,对于目标用户而言是每天不可或缺的使用物品;而低频使用产品则是使用次数相对较少的产品,例如螺丝刀、雨伞等,生活中实际使用频次并不算高,但它们都是生活必需品。

从理性的角度分析,任何一款产品都具有其使用寿命,没有任何产品可以无限使用。由于一个产品被使用的次数越多,其磨损、损坏的概率就越大,越容易出现问题;反之则同等时间内产品出现问题的概率更小。因此,视频号运营者在为自己的直播间挑选直播产品时,为了减少售后压力,避免不必要的麻烦,可以多从日常使用频率方面考虑选品。

② 热度

热度一词是指产品在销售或社交平台上被搜索的次数,通常产品被搜索的次数越多,热度越高,产品的需求量也就越大。市场上一般将高热度的产品称为爆款产品，选择爆款产品为直播产品，可以借助爆款产品的热度，吸引更多的流量进入直播间。

这类产品往往带货风险较低，因其已经具有一定热度，所以不需要视频号运营者过多介绍、推荐，目标用户会凭兴趣自发进行购买。而爆款产品的市场需求量通常也已经经过测试，不需要视频号运营者做更多复杂的考量，只需依照热度选品便能有不错的销量成绩。

但值得注意的是，并非所有的爆款产品都适合直播带货，如果视频号运营者盲目追求爆款产品，不考虑需求量的变化，那么后续可能会出现转化率低的问题。因为爆款产品火爆的时间是有限的，在一段时间过后，目标用户的需求得到满足，这部分市场就会呈现饱和状态，产品需求量也会大大下降。

因此，在选择带货爆款产品前，视频号运营者要对爆款产品进行整理和选择，综合考量产品的潜力需求、质量等因素，观察后期是否还能产生新的需求，如果后续需求增长乏力，建议视频号运营者在选品时放弃这类爆款产品。

除此之外，视频号运营者还可以考虑季节性、节日性的产品，通常应季商品都有旺盛的市场需求。例如春节的红包，夏季的防晒霜，初秋的大闸蟹等。视频号运营者若能依据时令节气选择应季的产品进行直播带货，也能收获事半功倍的效果。

（4）标准四：了解产品价格

只要涉及销售行为，便离不开盈利问题，对于视频号运营者而言，想要盈利就要认真考量产品的定价策略，因此高效选品的最后一个标准维度就是产品价格。

视频号运营者面临产品定价问题时需要考量以下两点。

① 便宜

据Quest Mobile（国内移动互联网大数据公司）的相关调查数据指出，如今移动互联网购物的主要核心群体为"90后"及"00后"。这群年轻的"网购主力军"身上最大的消费特征就是购物欲望强盛，并且喜于接受新事物，较为容易受到诱惑，刺激消费。

虽然"90后"和"00后"具备很高的消费热情，可他们并不会盲目冲动消费高价物品。相反，这一部分人群的购物习惯更倾向于价格实惠、高性价比的实用产品，这也直接影响着视频号运营者的选品取向。

在这一点上，高人气的直播带货主播是很好的学习榜样。若常浏览各大主播的带货清单便不难发现，不论是在任何一个直播带货平台，人气居高的、主播推荐的绝大多数物品往往都是价格适中的大众商品，并不会一味选择价位偏高的奢侈品，也正因如此，他们的直播间人气才能经久不衰。

② 差价

直播间中产品的差价即指其在直播间内出售的价格低于市场价格。当直播间内产品的价格与其市场价格出现价差时，视频号运营者便拥有了面向目标用户的强效吸引力。

直播带货如今之所以能如此火爆，很大一部分原因便是其差价产品为目标用户带来的物美价廉的购物体验。为了保证直播间的产品能做到物美价廉，时下许多在直播市场拥有高热度的视频号运营者都会在选定某产品之前与产品供应商签订优惠协议，不仅要保证直播间内可以以低于市场价的价格售出产品，更会尽力争取产品供应商提供给自己的产品单价是市场最低价，当价位拿不到更多优势时，有时还会争取附赠礼品以达到相似的效果。

这样做是为了争取薄利多销的销售效果。薄利多销的确是销售界的金牌销售定律,尤其是在直播市场,由于高人气的运营者往往带货能力惊人,即便运营者售卖的产品单价低于市场价,最后所产生的总利润仍然十分可观。

3. 直播脚本策划

所谓直播脚本,就是对直播的一系列流程进行规划,制定出一套令直播有序、高效且吸引人的方案。策划直播脚本能够有效避免直播中各种意外状况的发生,令直播顺利进行,也是直播变现的催化剂。

表5-1所示为直播脚本的通用模板,视频号运营者在撰写时可根据该模板进行。

表 5-1 直播脚本的通用模板

XXX 直播脚本	
直播主题	XXX(从需求出发)
主播	XXX
主播介绍	XXXXXX
直播流程	
1	直播准备(宣传、人员分工、产品梳理、直播设备检查)
2	预热环节(自我介绍、适度互动)
3	品牌介绍(品牌故事、店铺介绍)
4	直播活动介绍(活动福利、流程、适度引导)
5	产品讲解(全方位展示与讲解,突出产品卖点及优惠)
6	产品测评(试用、试吃、试玩等)
7	用户互动(回答问题、激发用户热情)
8	抽取奖品(穿插用户问答)
9	活动总结(强调活动优惠力度)
10	结束语(引导关注、预告下次内容)
11	复盘(分析问题、优化脚本不足)

在策划直播脚本时，视频号运营者需要事无巨细，将直播过程中可能遇到的情况全部列明，然后秉承着严谨、认真的态度，按照脚本彩排一遍，以确保直播时不会出现意外状况，以免影响视频号运营者在用户心中的形象。

5.1.4 直播中：销售话术 + 福利

直播开始后，视频号运营者的工作主要集中在两个方面，一方面是利用销售话术进行产品促销；另一方面是利用福利活动不断吸引用户进入，增强与用户的互动以及进一步促进用户购买。

1. 直播间的销售话术

直播间的销售话术会直接影响用户是否购买，就好比我们在实体店挑选衣服，如果导购人员力证一件衣服穿在我们身上非常好看，那么我们就会情不自禁地买下这件衣服。这便是话术对用户购买行为的影响。

直播间的销售话术大致可分为产品介绍话术、成交话术和催单话术三类。掌握这三类话术，对于视频号运营者提高用户购买率具有重要意义。

（1）产品介绍话术

产品介绍话术是突出产品卖点，让用户充分了解产品的重点话术，在介绍产品时，视频号运营者可以从以下两个方面入手。

① 证明产品质量好

证明产品质量好，能够解决用户后顾之忧，让用户产生信任感。证明产品质量好的方式可以是直接证明，也可以是间接证明，包括出具官方检测证明、展示产品配料信息、展示产品销量、展示顾客好评率或说明产品代言人等。

具体的参考话术如下:

这款产品是经××机构检测过的,不含添加剂。

这款产品销量非常好,上周官网卖出××份。

这款产品的顾客好评率达到99%,几乎没有差评。

50%的顾客会回购这款产品。

这款产品是××代言的,他自己也在使用这款产品。

② 搭建销售场景

搭建销售场景,是指视频号运营者将产品融入日常生活中去,建立一个使用场景,让用户联想到自己在日常生活中也需要这样一款产品。打造销售场景可以从产品的功效、成分、材质、价位、包装设计、使用方法、使用效果、使用人群等多维度介绍产品,介绍越专业越有说服力。

具体的参考话术如下:

恋爱中的少女,开心地去找男朋友,那种很甜的感觉。(销售香水)

每天结束繁忙的工作,一回到家,不用自己动手,只通过语音便能控制电视,播放你想看的节目。(销售智能电视)

这款口红非常适合女孩子见男朋友家长的时候涂,既能凸显我们的好气色,又不会过于妖艳,深得长辈的喜欢。(销售口红)

这本书是一本讲述女性成长的书籍,在婚姻生活中我们往往会遇到各种各样鸡毛蒜皮的小事,这会令我们陷入深深的焦虑之中,如何解决这些问题,在这本书中都有解答。(销售书籍)

(2)成交话术

成交话术,是指促使用户成交的话术。采用成交话术的目的是打消用户的顾虑,激发用户的购买欲望。成交话术的使用通常伴随着产品的试用，主播一边使用产品，一边给予用户建议，这样更能证明产品的功效。最有利的成交话术是抛出价格优惠，让用户感到"不买就亏了""好划算"，由此促成用户购买。

具体的参考话术如下：

这款产品在××网站上售价99元，而在我们的直播间，今天只需要69元，整整便宜了30元。

昨天在××的直播间，这款产品卖99元，今天在我们直播间，只需79元。因为我与品牌方建立了长期合作关系，所以品牌方愿意给我最低价，这是我为我的粉丝们争取到的。

今晚购买两件产品，直接优惠90元，相当于第二件不要钱，买一送一！

（3）催单话术

用户在购买产品时，大多会犹豫不决，此时，有效进行催单才能促使用户迅速购买。常见的催单方式是制造紧迫感，营造抢购氛围，给用户发出行动指令。催单话术可以从"限时、限量"这两方面出发。

具体的参考话术如下：

不用想，直接拍，只有我们这里有这样的价格，往后只会越来越贵。

活动马上结束了，要下单的朋友们抓紧啦！

1分钟就被秒完了，还想要的宝宝们说一下，我来催促客服再上××套。

今天绝对是年度最低价，哪怕是"双11"都没有比这更低的价格！

2. 直播间的福利活动

直播中引流的重要手段便是举行福利活动。利用用户希望获得优惠的心理，能够更好地留住用户，并转化意向用户。直播间的福利活动主要包括抽奖和秒杀这两类。

（1）抽奖

抽奖是直播时提升人气的有效玩法之一，能在短时间内获得更多流量。抽奖的方法有很多，例如在直播间督促用户发表评论，从评论中截取一些幸运用户，给他们送出奖品等。

抽奖活动虽然看起来非常老套，但凭借着以小博大的杠杆效应，以及低门槛参与、高奖励诱惑的活动机制，总能吸引诸多用户参与其中。

在进行抽奖时，视频号运营者可以根据自身实际经验、目标用户群体等决定抽奖玩法和具体奖品。奖品需要有一定的诱惑力，如果奖品一文不值，用户的参与热情便不会很高，抽奖活动也难以开展，更别提将用户留存在直播间内了。

（2）秒杀

秒杀是指在直播中发布超低价格的产品，让所有用户在同一时间进行抢购的引流模式。由于秒杀的产品通常价格非常低廉，例如1分、1元、9.9元等，往往一上架就会被抢购一空。通过秒杀活动，能够在直播间营造紧张气氛，将用户比较分散的注意力聚焦起来，集中到产品抢购上，有效提升用户的购买转化率。

在举行秒杀活动时，视频号运营者还可以进行联动销售。例如规定用户只有在小商店中任意购买一件产品，才能参加秒杀活动等。

在一场直播中，视频号运营者可以分时间段安排多次秒杀活动，以提高整场直播中用户的热情。例如，直播时间为晚上18—21点，视频号运营者就可以分别在18点、19点、20点和21点设置低价秒杀活动，每隔一个小时便能再次加强直播间的氛围。在秒杀活动举行的前10分钟，用户便会活跃起来，等待在直播间，秒杀活动结束后，用户也会关心自己是否抢到了秒杀产品，抢到的用户会比较欣喜，没抢到的用户也不会离开，会留在直播间内等待下一次秒杀活动。

这样一来，用户在直播间的留存率就会大大提高，这也给了视频号运营者展示自身魅力，促进用户转化的机会，为直播带货的顺利进行奠定基础。

5.1.5 直播后：复盘+总结

正式直播的结束并不意味着直播工作的结束，直播后进行复盘，也是视频号运营者必须要完成的工作。复盘本是围棋术语，是指对局完毕后，复演该盘棋的记录，以检查对局中招法的优劣与得失关键。视频号直播也需要复盘来发现直播中的不足，总结直播经验，为后续直播更好地开展奠定基础。

对直播进行复盘是一个对直播数据进行分析的过程。直播数据通常分为两种，一种是互动数据分析；另一种是带货数据分析。

1. 互动数据分析

对直播过程中的互动数据进行分析，可以通过新榜平台提供的直播监测服务进行，复盘过程中需要查看的互动数据有很多，如表5-2所示。

表 5-2 视频号直播互动数据项目

数据项	具体说明	分析意义
累计观看人数	累计观看人数是指自直播开始，截至直播结束，观看过直播的总人数	分析累计观看人数，可以判断直播间总流量，判断直播内容是否具有广泛吸引力等
观看人数增量	观看人数增量是不同时间段中用户数量的变化	分析观看人数增量，可以判断每个时间段的用户人数，结合直播内容分析用户最喜欢在哪个时间段观看，以及哪个时间段的直播内容最吸引用户
总点赞数	总点赞数是指整场直播中用户的点赞总量	分析总点赞数，可以判断用户是否喜欢本场直播，是否愿意点赞
点赞观看比	点赞观看比是指点赞用户在总用户中所占的比例	分析点赞观看比，可以看出用户对本场直播的满意程度
同时在线人数	同时在线人数是指在某一时刻，同时在直播间观看直播的用户人数	分析同时在线人数，可以看出用户对何时的直播内容更为喜爱，为后续直播内容的打造指明方向
直播热度	直播热度与用户送礼人数相关	分析直播热度，能够明确用户的喜好，知晓什么样的直播内容能得到用户打赏
弹幕评论数	弹幕评论数是指整场直播中用户发表的评论数量	分析弹幕评论数，能够知晓用户是否愿意互动，了解用户进行互动的原因
弹幕评论关键词	弹幕评论关键词是指在用户发表的评论中，出现最为频繁的关键词汇	分析弹幕评论关键词，能够知晓用户最关心哪些话题，后续的直播内容可以围绕相关话题展开
用户地域分布	用户地域分布是指观看直播的用户来自于哪些地域	分析用户地域分布，能够知晓哪些地域的用户更喜欢本场直播，使粉丝定位更为精准
用户性别占比	用户性别占比是指观看直播的用户中男、女性别占比	分析用户性别占比，能够知晓粉丝以男性居多还是以女性居多，更能把控该群体喜欢什么样的内容

以一个形象的案例进行说明，视频号运营者"徐达内和他的朋友"在2021年2月25日20:04—21:47时进行了直播，直播主题为"聊聊今天

的热门话题和爆款",直播时长总计 1 小时 43 分 18 秒,这场直播的互动数据分析结果如表 5-3 所示。

表 5-3　视频号"徐达内和他的朋友"直播互动数据分析

数据项	结果分析
累计观看人数	累积观看人数 646 人,总体观看人数较少,在直播预热和引流上需要进一步加强
观看人数增量	观看人数从开始到结束呈现出递增趋势,说明直播越往后效果越好,可对后期内容进行指导
总点赞数	总点赞数为 2141 次
点赞观看比	点赞观看比为 3.31,平均每人点赞 3 次以上,点赞数据效果较好
同时在线人数	同时在线人数最高值为 43 人,时间为 21:16 分,分析此时直播内容,可对后期内容进行指导
直播热度	累积直播热度为 1068,在直播后期热度增加明显
弹幕评论数	弹幕评论数共 130 条,在引导用户互动上效果欠佳
弹幕评论关键词	弹幕评论关键词包括"彩礼""孩子""父母""老婆"等,与家庭关系密切相关,后期直播内容可从这些方面入手
用户地域分布	上海、北京、浙江、广东等省市观看人数较多,经济发达地区为目标用户群体主要聚集地
用户性别占比	男性占全部观看人数中的 60.85%,女性占全部观看人数中的 34.89%,4.26% 的用户性别未知

通过对直播互动数据进行分析,视频号运营者可以轻易得出用户的喜好、直播效果、用户特征等信息,能够对后续直播的开展起到良好的指导作用,使视频号运营者明确后续直播发展方向,让直播效果越来越好。

2. 带货数据分析

带货数据分析是指针对直播中所售产品的数据进行分析,通过带货数据,明确本场直播的销售情况。表 5-4 所示为视频号直播带货数据分析项。

表 5-4 视频号直播带货数据项目

数据项	具体说明	分析意义
销售额	销售额是指本场直播中所售产品合计金额	分析销售额是对本场直播所售产品价值的初步评估,能判断本场直播的大致利润
销售量	销售量是指本场直播中所售产品件数的合计数量	分析销售量,能够判断用户的下单意愿是否强烈
上架产品	上架产品是指本场直播中上架产品的数量	分析上架产品,是对所售产品的类型进行知悉
最高单价	最高单价是指本场直播中所售金额最高的产品价格	分析最高单价,是明确所售产品中价格最高的一款
最高销量	最高销量是指上架产品中销量最高的一类	分析最高销量,能够知晓用户最乐于购买哪种类型的产品
客单价	客单价是指购买产品的用户的平均购买价格	分析客单价,能够知晓用户的平均消费水平

通过对视频号直播带货数据进行分析,视频号运营者能够进一步明确本场直播中的盈亏状况,直观得出哪些产品的销量较好,哪些产品的销量较差,再结合直播内容,分析什么样的方式能够促进产品销售,最终形成经验总结。

5.2 知识付费:前景可观

搜狗百科对于知识付费的定义为:知识付费主要指知识的接收者为所阅览知识付出资金的现象,其本质在于把知识变成产品或服务,以实现商业价值。这里所指的知识,在视频号领域已经不仅仅局限于书本知识,还衍生出多种形式,例如课程教学、付费咨询、付费阅读和版权变现等。

5.2.1 课程变现:售卖专业课程

随着科学技术的发展和用户消费习惯的改变,网络课程已经成为一种新兴且普遍的线上教育模式，也是知识付费的重要方式之一。

在视频号上售卖网络课程由来已久，当视频号开始内测时，就有不少视频号运营者开始尝试着在视频号上售卖网络课程。例如考研、考公类课程，语言学习类课程，职场技能类课程和家庭教育类课程等。

视频号之所以能够成为网络课程售卖的新阵地，是因为视频号能够满足用户的三种需求。一是时间需求，目前人们的学习与工作压力较大，"短而有用"的短视频课程能够使用户自主安排学习时间，自由度较高；二是性价比需求，网络课程的特点之一就是能够保存、下载，用户可以反复观看、学习，通常情况下，一次购买，终生使用，性价比较高；三是社交需求，许多用户在利用视频号学习相关课程时，还能结识许多志同道合的朋友，互相帮助、共同进步。

同时，视频号相较于其他短视频平台，更是有着得天独厚的优势。首先，视频号作品的下方可以添加公众号文章链接，用户点击查看公众号文章，能够获得更加详细、更具吸引力的课程介绍；其次，在视频号的个人简介中，可放置视频号运营者的微信账号，引导用户添加，将用户转化为"粉丝"，在微信上进行一对一交流，更利于课程售卖。

举个例子，教育类账号"秋叶PPT小美"，是职场技能教育大IP"秋叶大叔"旗下的视频号账号，其利用视频号售卖相关课程的主要流程如下。

第一步：打造垂直内容吸引对相关技能感兴趣的用户，持续输出制作优质PPT内容的技巧，如图5-7所示。以此吸引对学习PPT制作技巧感兴趣的用户。

第二步：在每条视频号的底部附上公众号文章链接，文章内容以技能教授+课程购买信息为主，如图5-8所示。

第 5 章 商业变现：创造"刚需"，通过视频号挖掘"第一桶金"

图 5-7 "秋叶 PPT 小美"的视频号内容

图 5-8 "秋叶 PPT 小美"的公众号文章链接

第三步:引导用户添加微信群、微信账号或企业微信,将用户汇入私域流量池,一对一或一对多地进行课程售卖,如图5-9所示。

图5-9 "秋叶PPT小美"利用社群提供课程服务

通过这一系列的方式,"秋叶PPT小美"建立了一个完整的课程变现体系,视频号就是其变现过程中最重要的基石。

5.2.2 文章价值变现:付费阅读、打赏

针对文章价值变现,可以从两个方面展开,第一个方面是了解文章价值变现的两种方式;第二个方面是了解什么样的文章更能让用户付费。

1. 文章价值变现的两种方式

文章价值变现是指用户对视频号运营者发布的内容进行主动或被动付费查看,用户主动付费的情况通常表现为打赏文章;用户被动付费的情况通常表现为付费阅读。这两种方式都需要视频号运营者将视频号与

公众号联合运营,以公众号文章为载体,实现文章价值变现。

(1)赞赏文章

赞赏文章是一种常见的打赏方式,虽然视频号运营者并未强制要求用户必须付费才能观看文章,但如果用户发自内心地觉得这篇文章给予了他非凡的价值,那么他将非常乐意且主动地对运营者进行赞赏。

图5-10所示为微信公众号文章收到赞赏的页面。

图5-10 微信公众号文章收到赞赏的页面

视频号运营者在运营视频号时,尽量将微信公众号文章的链接放置在评论区,吸引用户点击观看,这是用户进行赞赏文章的重要前提。

(2)付费阅读

付费阅读是设置一定的费用门槛,要求用户必须付费才能阅读文章内容。

例如,视频号运营者"刘兴亮",就先利用视频号将用户导流至微信公众号文章,并给微信公众号文章设置了3元的阅读费用门槛,用户支付3元才能读完全文。

虽然这篇文章被设置了付费阅读,但3元并非一个很高的价格,在内容对用户具有绝对吸引力的情况下,大部分用户都愿意支付,且觉得十分划算。最终,这篇题为《如何抓住视频号的机会?我给9点建议》的付费文章,阅读量达到4.4万次,超过5000人付费,付费收入超过15000元,另有数百人赞赏了这篇文章,赞赏收入超过1000元。

2. 什么样的文章更能让用户付费

互联网的发展使得信息的流动性变强,视频号运营者如何能在众多信息中脱颖而出,得到用户主动或被动付费,是视频号运营者在采用文章价值变现这一方式时需要重点思考的问题。那么,究竟什么样的文章更能让用户付费呢?主要包括以下4类。

(1)具有独特价值的文章

在同质化内容中脱颖而出的关键,便是打造具有独特价值的文章。当用户在其他渠道无法查看到类似信息,获得相同价值时,视频号运营者的文章便具有了独特价值,也就是新闻界常说的"独家性"。具有其他文章无法给予的价值,用户为了获取这种价值,就不得不付费阅读。

(2)具有时效性的文章

现在很多综合类视频网站,对于一些用户反响好的电视剧,会采用"超前点播"的方式,让用户提前看到结局。那些无法耐心等待,希望尽快看到后续内容的用户,往往乐于付费提前观看。这种方式便是利用了内容的时效性。

在视频号和公众号联合运营中,如果能够通过提高时效,以提前观看内容为前提向用户收费,也能被用户所接受。这种方式对于连载式的内容非常适用,例如在视频号或公众号中更新漫画或小说等。

（3）能提供增值服务的文章

增值服务是指除视频号运营者本身能够提供的服务外，还能额外提供的附加服务。例如，给用户设置一些福利，如果付费阅读本文章，即可获得作者签名照一张时，对作者签名照感兴趣的用户，就会主动付费阅读。

这种方式利用的是免费附加服务对于用户的吸引力，当用户的付费意愿并不是特别强烈时，采取这种方式能让用户觉得物超所值，能够更加主动地付费。

（4）内容优质，能获得用户喜爱的文章

优质的文章内容是所有付费行为达成的重要前提，优质内容付费给予用户的感觉是"我虽然能够免费获得一些体验，但我付费后能得到更优质的体验"。上述几种变现方式是给予用户紧迫感，以促使用户付费，但只有内容优质，才能真正对用户产生吸引力，让用户心甘情愿地掏腰包。

设置文章价值变现的方式非常简单，但怎样达成运营者想要的效果并非易事。视频号运营者需要在不断实践中，摸索出用户爱看的内容，实现文章价值变现。

5.2.3 咨询变现：提供咨询服务

随着社交平台和通信工具的发展，获取信息的渠道的多样化，人们对于线上咨询的认可度逐步提高，需求量也越来越大。

视频号运营者应以日常大众普遍关注的点为突破，基于数量庞大的微信用户群，贴近生活，引起众多人的共鸣。而想要从中实现咨询变现，则需要一定的专业度和较强的服务意识才能得到大众的认可。目前，大众对以下几个方面的服务需求大，包括情感咨询，证书咨询，投资理财咨询和塑形变美咨询等。

以情感咨询为例，人们在生活压力日益增加的情况下，情感的困惑也如影随形，情感咨询服务应运而生。即使不同地区不同咨询师有不同的收费标准，但咨询一次的底价也在300元以上，发展空间很大。而市面上琳琅满目的机构和良莠不齐的服务水平，视频号运营者想要在众多竞争者中脱颖而出，占据市场更多的份额，就需要以奇制胜。谁戳中了用户的痛点，让其产生强烈的情感共鸣，并能高效解决问题，谁就能得到更多的关注和信任，获得的收益也更可观。

在情感咨询方面占有一席之地的花镇联合创始人、两性情感导师潘升，创办了"冷眼观爱"公众号，吸引了大量粉丝。随后他又开设视频号，进一步以直观的方式分析解决大众最关心的情感问题。紧接着他还开设线上付费答疑通道，提供更精确高效的专项服务，如图5-11所示。潘升实现了以公众号为依托，视频号为新的载体，视频号和公众号相互促进的良性发展。主要做法如下。

图5-11 线上付费情感咨询渠道

第一步：通过前期大量铺垫，吸引了一批铁粉，获得热点和关注，同时也展示了视频号运营者及其团队的专业度。

第二步：通过视频号内容的宣传在现有流量的基础上再次获得关注，利用推荐机制和社交、熟人的关注，圈一波"新粉"。

第三步：进行有偿服务，实现引流与转化。在视频号中放置公众号的链接，公众号中设有专属于粉丝的一对一咨询服务，引导人们点开，环环相扣，形成知识与服务的快速变现。

这一案例给予想要从事咨询变现的视频号运营者的启示是，走专业化道路，解决用户急于解决却难以解决的问题，同时在前期做好单人专项咨询，在有限的时间内提供优质服务，给用户提供良好的价值体验，可让咨询者对咨询师产生信赖。

5.2.4　版权变现：授权或转让版权

在如今这个泛娱乐信息纷繁复杂的时代，许多视频号运营者在变现方式上只局限于电商性质的交易模式，殊不知比起利用影响力或知名度进行电商性质的交易，还不如进行版权交易来得直接。

版权交易是较快的变现方式之一，是知识付费中的一类特殊情况。视频号运营者在打造短视频内容时，对短视频内容享有著作权，这份权利受到国家知识产权相关法律的保护。视频号运营者以短视频内容为基础，打造出的音乐作品、图书作品、绘画作品以及一系列的周边衍生产品，都可以进行版权售卖或转让。

例如，一个音乐类视频号运营者创作了一首原创歌曲，其他个人、平台想要使用这首歌曲，就必须向其购买版权或取得授权，该视频号运营者通过售卖或转让版权，就可实现版权变现。

由于互联网信息传播速度非常快，视频号运营者在很多时候面临着创意被抄袭、版权被侵占等情况，在这个过程中，视频号运营者要善于使用法律的武器维护自身权益，在打造内容之初便留存好相关证据，以保护自身权益免受侵害。

5.3 广告变现：直截了当

当视频号通过高质量的短视频作品收获大量粉丝，拥有一定流量基础后，视频号运营者即会收到广告主及代理商的广告邀约，也可主动寻求广告变现，这是视频号流量变现的众多方式中最为直接、简便的一种。广告主及代理商通过投放广告获得曝光率或售卖产品，视频号运营者则通过打造广告获得利益，这是一个双向选择，谋求共赢的过程，如图5-12所示。

图 5-12　广告变现的实质

5.3.1　广告变现的 3 大来源

视频号运营者要想实现广告变现，除了提升并保证账号内容质量与粉丝流量以外，最重要的一点便是应学会在众多商家之中甄选诚信可靠的广告主及代理商。视频号运营者获取广告主及代理商的最佳途径主要有以下3种，如图5-13所示。

第5章 商业变现：创造"刚需"，通过视频号挖掘"第一桶金"

图 5-13 广告变现的三大来源

1. 商家主动联系

最为常见的广告来源是由广告主及代理商主动联系视频号运营者。当视频号运营者的粉丝数突破10万时，便会有许多广告主及代理商通过私信等方式沟通合作事项，说明产品相关信息，告知他们的需求，并询问视频号运营者的目标人群及详细报价等。

由于视频号运营者的私信消息通常较多，广告主及代理商的合作私信很容易被湮没。因此，视频号运营者最好可以提前在账号简介处设置好专门用于商业合作的联系方式，方便商务信息的高效处理。

值得注意的是，广告主及代理商的可靠度以及产品的质量保障等，都是视频号运营者需要谨慎考虑的信息。通常合格的品牌、产品都有正规的官网、官方旗舰店，有些还会有微信公众号、微博等公共平台账号。视频号运营者在接收到一些广告主及代理商的广告邀请时，可以先对这些信息进行搜索了解，确认合作方的可信度后再进行下一步交流。

2. 浏览信息发布平台

关于广告，还有许多负责承接广告发布的信息平台。例如猪八戒网、微博易等都是相对可靠的相关信息发布平台。视频号运营者可以根据自

己的需求与实际情况在这类平台注册成为流量主。注册需要设置的信息通常包含视频号运营者的运营平台、粉丝数，短视频的内容范围、时长，以及能配合的宣传方式、相关报价等。

广告主及代理商会在相关平台上挑选符合自己合作条件与意向的流量主进行进一步的沟通，而视频号运营者也能在这类平台上主动筛选合乎自己意愿的广告主及代理商寻求合作。这种为需求方提供自由匹配、双向选择机会的平台，将大量分散的广告信息汇总在一处，大大降低了双方的时间成本。

虽然平台会对广告主及代理商进行基础的考察筛选，视频号运营者仍然不可放松警惕，应及时确认对方身份的真实性。

3．短视频圈互相推荐

承接广告的机会同样也可能来自于同行的推荐。所谓人脉即钱脉，虽然同行之间难免存在竞争关系，但视频号运营者在运营视频号时仍然要学会维系好同行关系，尽力创造"有钱大家一起挣"的和谐氛围。

综上，视频号运营者获取广告的来源十分丰富，而无论选择哪种方式，视频号运营者都需要对合作对象进行详细的了解、观察与信息确认。同时，在竞争市场中也要做到与同行保持良好关系，只要做好这两点，便有助于视频号运营者在广告选择上少走弯路。

5.3.2　广告变现的 3 种形式

视频号的流量是广告影响力的基础，作为坐拥大流量池的短视频平台，广告变现显然是视频号的主要变现形式之一，而广告变现的形式在如今的市场环境下也是多种多样。视频号中可见的广告变现形式有以下3种。

1. 冠名类广告

冠名类广告是最为大众所熟悉的一种特殊广告形式，在综艺节目中更常出现，它是企业为了提升品牌或某一产品知名度与影响力采取的一种阶段性宣传策略，而在短视频行业运用较少。但随着不少节目与活动正逐步在视频号展开宣传，此类广告也正在向视频号辐射。

冠名类广告一般体现为冠名赞助。例如，以某活动或某节目赞助者的身份，作为其名称的前缀展开，企业会要求在活动或节目的视频物料中直接提及品牌或产品名称，在视频号平台的主要表现形式为出现标志（Logo）或创建话题。

（1）标志（Logo）

一档综艺节目或一场大型活动的所有物料中，节目或活动名称都会是最醒目的Logo，而被冠名的品牌通常会与对方一起将两方的Logo做合理、美观的结合，以得到良好的宣传效果。例如，"快乐大本营"就将其节目冠名商vivo的某产品Logo与自己的节目主题进行了很好的融合，增强了品牌与节目的关联性，如图5-14所示。

非综艺节目或活动相关的视频号运营者，也可以借鉴这种方式进行类似的短视频创作。例如，为冠名的品牌规划系列短视频，将其品牌Logo与系列视频的主题或名称设计结合成全新的Logo放于短视频中。

图5-14 "快乐大本营"视频号某视频

（2）话题

视频号运营者还可以借助平台的话题功能将内容主题与品牌名称相结合，通过对话题的发布与加热，达到宣传品牌的效果。例如，肯德基曾在视频号上建立"#肯德基6元早餐回来了"这一话题，参与该广告话题投放的视频号运营者便会带上相关话题发布对应的内容，以完成相关的宣传与曝光，如图5-15所示。

图 5-15 视频号中某冠名类广告话题页面

然而,冠名类广告在视频号平台的运用仍然不算广泛,究其原因,主要存在以下两处瓶颈。

① 资金投入大

视频号平台的传播效果相比传统的电视媒体而言存在不稳定性,但冠名权通常需要冠名商的赞助金额达到足够高的比例才有资格买断,因而在视频号平台选择部署冠名商广告的投资风险较大,所以广告主与代理商会较少选择在短视频平台内投放冠名类广告。

② 保护个人IP

人气较高的视频号运营者会较少承接冠名类广告,因其对个人IP具有保护意识,担心太过明显的广告会引起目标用户的反感,所以不愿意将广告主及代理商的品牌Logo放在短视频的开头或显眼处。

但不可否认的是,冠名类广告有其他广告形式不可比拟的优点,例如冠名商会为冠名的节目、活动等提供资金、产品,甚至诸多额外服务,资源优势下视频号运营者将有更多的空间与机会制作精品内容。

2. 植入式广告

植入式广告是指将广告与短视频内容相结合的广告,植入性广告包括硬广告植入和软广告植入两种类型。

硬广告的"硬"强调一针见血,有目标地推广某一产品,能让用户很快接到广告要传递的信息,优点是定位精准,缺点是容易造成用户的抵触。

以视频号"小米公司"为例,其在制作广告时,会采用直接宣传手机功能的方式为其产品进行宣传,如图5-16所示。

软广告,最重要的就是一个"软"字,好似绵里藏针收而不露,等到用户发现视频内容存在广告的时候,就已经不自觉地接到广告信息,软广告追求的是一种"润物细无声"的传播效果。

例如视频号运营者"野食小哥",以制作蚝油生菜为视频文案进行自制品牌蚝油的网上售卖,其视频从头到尾只显示制作过程,而从未提及蚝油售卖信息，但评论区仍有许多粉丝询问该蚝油是否售卖，如图5-17所示。

图5-16 视频号"小米公司"的广告　　图5-17 视频号"野食小哥"的广告

软广告更容易让用户接受，宣传效果也更为显著。在视频号平台上，大多数广告主与视频号运营者合作都是采用软广告。

广告的最终目的是为了向用户传递产品信息，对目标用户进行精准推广，软广告也不例外。但要注意的是，在设计软广告内容时，广告内容要与品牌及产品特点相契合，最好的状态是让产品与短视频内容相融合。只有这样才能达到软广告"润物细无声"的要求，否则就会让用户感觉广告不伦不类，既没有软广告植入的隐蔽性，也没有硬广告植入的直接性，容易引起用户的不满。

3. 贴片广告

贴片广告是一种在短视频中直接展示产品相关信息的广告形式，通常包括实物、广告语等元素。贴片广告是以直接呈现的方式对产品进行宣传，能够准确、迅速地传达出广告信息。

视频号运营者在打造贴片广告时，需要注意不要让贴片广告的存在影响用户观看视频内容的体验，有些视频号运营者为了让贴片广告更加醒目，会使其占据视频中大部分位置，导致用户难以观看到视频本身的内容，很容易产生反感情绪。

另外，展示贴片广告的时间最好控制在5～10秒钟内，因为在这段时间里，用户的注意力较为集中、信息的回忆程度高，所以贴片广告的投放效果会更好。如果时间过短，就无法清晰地传达产品信息；反之，就容易让用户产生厌烦心理。

5.3.3　如何平衡广告变现和用户体验

如何平衡广告变现和用户体验，需要视频号运营者心里要有一杆秤。虽然在不同时期阶段对用户的定位和侧重有所不同，应对的措施也截然不同。但可以肯定的是，认真对待广告变现和用户体验是重点，以下三点可供参考。

1. 保持节制：切勿急功近利

面对日益发展的网络生态，加入视频号平台的运营者逐渐增多，是选择细水长流还是涸泽而渔是视频号运营者在起步初期就要定下的发展方向，是依靠搬运热点极快地收割目标用户，还是以一个星期到半个月为期限制作精良的视频内容都是视频号运营者的选择。

视频号运营者在考虑变现的同时，需要保持好节奏，在如火如荼的视频号平台中，能走得最远的往往不是急功近利追求"超速"变现的人，而是踩准节奏，以尊重目标用户体验为前提的视频号运营者。

2. 规划广告：切勿本末倒置

在视频号的运营过程中，视频号运营者需要清楚地理解自己的定位，切勿本末倒置。

无论接取任何形式的广告，优质的短视频内容才是视频号的核心价值。视频号运营者应首先保证自身账号输出的内容主体，在此前提下对广告部分的内容进行合理的融合与规划。如果单纯为了发布广告而导致自己的内容输出偏离视频号账号原本的定位，不仅是在敷衍辛苦沉淀的目标用户，同时也是对自己与广告主或代理商的不负责任，难以长久发展。

3. 创意广告：贴合人心

根据众多视频号运营者所制作的内容可明显得知，创意度越高的视频号，其创作内容更能为目标用户带来良好体验，也更利于维系目标用户。创意型广告的特点在于创意和想象力，因网络文化的发展创意广告深受用户欢迎。创意广告具有渗透性和流传性，其能凭借吸引人的创意在视频号上迅速推广流传，吸引优质用户。

同理，若广告也能进行创意包装，目标用户对广告内容的接受度也将大幅提升，甚至可能对接收创意广告表现出更多的兴趣。简单的创意广告包括以下5种类型，如表5-5所示。

表 5-5　创意广告的 5 大类型

类型	特点
拟人型	将产品人格化，以人的口吻进行产品特性的阐述。这类广告可以将产品生动、形象地展示在目标用户眼前，给其留下深刻印象
幽默型	借助多种修辞手法达到幽默的表达效果，为目标用户带来愉悦轻松之感，使其在欢笑中接受产品 但文案应健康、含蓄，切忌使用低俗、粗鄙、刻薄的文案，需以高雅风趣的形式表现广告主题，而不是一般的"耍贫嘴"
夸张型	针对产品某种现象故意言过其实，对客观的人、事物尽力做扩大或缩小的描述。但也要基于客观真实对产品某部分特征加以渲染，而并非为达效果毫无依据地造谣、欺瞒 夸张型的广告往往能让人明显感觉是使用了夸张手法，而不是恶意造假
悬念型	以悬疑手法或猜谜的方式制造悬念，以刺激目标用户产生更多的心理活动。例如，疑惑、紧张、渴望等，并加以持续和渲染，以达到令其想要寻根究底的效果，最终促使目标用户对产品产生印象
故事型	借助故事内容对产品展开讨论，可以将产品信息贯穿其中，亦可在故事结尾加上广告语 由于故事易于让目标用户了解、产生共情，因此这种方式更容易让目标用户与产品产生某种情感联系，从而在短时间内达到较好的宣传记忆效果

5.3.4　广告变现的"禁区"

视频号运营者在承接广告时，除了有许多技巧与规律需要学习、考量以外，还有一些应该特别留意的"禁区"，主要体现在以下两个方面。

1. 不能接的广告

虽然承接广告是一种相对快速的变现方式，但对于视频号的长久运营而言，广告并非是越多越好。选择高质量且与目标用户高度匹配的产品广告才是视频号运营者需要首要考虑的。而在此条件下，一部分产品的广告早早便已在选择范畴以外,如下所述。

(1)禁止出售的产品

并非所有的商业产品都能通过网络平台进行宣传与售卖,部分商业产品有官方明文禁令,在网络平台出售会触及法律法规。因此,视频号运营者应提前做好详细的了解,避开此类产品,例如烟草、医疗器械、处方药、成人用品等,均不能于网络平台进行宣传带货。

(2)消费者体验感差的产品

一件产品是否适合在网络平台进行宣传及带货,不仅关乎产品本身的品质与售后保障,还需要考虑产品的保质期,对保存环境的要求,以及是否容易在运输过程中受损等多方面的细节问题。

对这类问题要求较高的产品,很容易在实际运输过程中出现差池,或者大幅增加运输成本。前者容易导致消费的用户获得不良的收货体验,以致拉低产品评价,后者容易劝退大量本愿消费的用户,这些状况都会影响到视频号运营者的口碑。因此,视频号运营者在初期接广告阶段便应该做出预判,尽量避免选择此类产品的广告。

2.打广告时要注意什么

所谓"君子爱财,取之有道",在广告变现的过程中,视频号运营者还需要注意以下两点,以免在后续运营中出现负面效果。

(1)杜绝虚假宣传

当广告主及代理商要求对产品进行不符合实际的夸大宣传、虚假营销时,视频号运营者应果断拒绝,不能因为私欲欺骗消费者,甚至违反法律。

视频号运营者一旦出现虚假宣传，相关内容一经传播便会遭受用户举报，轻则删除广告，重则接受平台查处，甚至封禁账号，得不偿失。

（2）切勿频繁发广告

视频号运营者应时刻牢记视频号运营的核心是内容，若为了加速变现，开始一味地发布广告，久而久之便会大量流失自己的目标用户，慢慢失去自己原本的流量优势。因此，视频号运营者应该在专注高质量内容创作的前提下，寻找恰当的发布广告的时机与方式，追求变现之路的同时也要重视目标用户的体验，这样才能保证广告变现成为其稳定有效的变现方式。

5.4　私域流量变现：商家红利

无论在哪个互联网平台上，构建私域流量池都是必不可少的经营手段。将公域流量池导入私域流量池的过程，是一个从"钓鱼"到"养鱼"再到"经营鱼塘"的过程。

视频号对于商家而言，是一个绝佳的获取私域流量的机会。它给予了商家一个走下高台，与用户亲密接触的机会，给用户以亲近感，跟用户以朋友的身份相处，商家也因此收获了更多红利。

许多商家自身流量较多，但变现困难，难以将这些流量转化为私域流量，此时，借助视频号可以更好地完成转化。

5.4.1　微商变现：打通微信私域流量

微商是微信用户中比较特殊的一类人群。提到微商，大部分人可能下意识地会在脑海中浮现出"洗脑""刷屏"等词汇，内心对微商带有些许抵触情绪。但视频号的出现，正在悄然重塑着微商的形象，帮助他们在维持良好形象的情况下顺利变现。

有一个这样的比喻：如果朋友圈之于微商是自行车，那么视频号之于微商就是火车。这无疑是对视频号引流及变现的最大肯定。

一个微商品牌创始人，通过视频号5个月内添加了7000个微信好友，举办一场活动，招募了500个代理商，且这一人数在持续上升中。

视频号属于公域流量池，与朋友圈相比，其拥有更为广阔的空间和更为庞大的流量群。一条短视频能够得到几百、几千甚至上万播放量，视频号运营者在主页中留下个人微信，便能够顺利将这些流量引入私域流量池中。相较于以往只能在线下或微信好友中引流，这种方式显然来得更快、更猛烈。

视频号不仅在引流上具有绝对优势，在内容打造和形象塑造上，也同样给予了微商们极大的惊喜。

过去，微商只能在朋友圈发布图文形式的广告，这些广告很快便会湮没在朋友圈不断"刷屏"的信息中，于是微商们只能反复、大量发送广告，以期被更多好友看到。但这种方式非常容易引起好友的反感，导致微商们被大量屏蔽甚至拉黑。

但视频号则不同，视频形式的内容比图文形式更加生动，蕴含的信息量也更大，更容易将微商想要表达的内容传达出来。同时，微商们不必每日在朋友圈中"刷屏"，因为视频号内容会被反复推荐，反复被更多人看见。

这样一来，只要微商能够在视频内容打磨上稍下功夫，后续的事情便会水到渠成。

另外，视频号的出现，对于微商更加规范、简单地售卖产品也有好处。由于视频号与小商店、小程序相连，微商可以自己设计产品图片和说明，使产品更具吸引力。且以小商店、小程序为基础，还能化解用户对微商的信任危机，用户可以在小商店、小程序上退款、评论，不必担心被微商欺骗。这也大大促进了用户的购买率。

5.4.2 企业变现：提升企业品牌影响力

企业品牌对于企业而言无比重要，企业品牌是企业的一种无形资产，它包含了企业文化、价值、品质等特征，能赋予企业产品特殊意义。所以即使两款质量相同的产品，也会因为品牌不同而产生不同的价格。

打造企业品牌还能降低企业的成本。赢得一个新客户所花费的成本是保持一个既有客户成本的6倍，维持良好的品牌形象，让顾客形成品牌偏好，对于有效降低宣传和新产品开发成本十分有利。

被誉为"可口可乐之父"的罗伯特·伍德鲁夫曾说过："即使可口可乐全部工厂都被大火烧掉，给我三个月时间，我就能重建完整的可口可乐。"这句话蕴涵的深层含义便是：只要品牌尚在，一切都可以重新再来。

由此可见，企业品牌是企业实现长久变现的基础。利用视频号打造企业品牌，虽然很难立竿见影地产生空前效果，但却能以"润物细无声"的方式，在潜移默化中获得更多利益。

通过运营视频号，企业能够传达自身价值观念，打造出一个独特的企业形象，迅速获得用户的喜爱，有利于企业后续开展各种商业活动。

著名保险企业中国平安人寿保险股份有限公司（简称"中国平安人寿"），就在视频号运营上下足了功夫，其企业视频号"平安人寿"在

2021年3月24日的新榜企业类榜单中排名第一，如图5-18所示。

图5-18　2021年3月24日新榜企业类榜单第一名"平安人寿"

在视频号"平安人寿"的主页中，可以看出中国平安人寿通过视频号打造了一个具有责任感和民族大义的企业形象。其视频号内容围绕"在国外旅游突发重疾怎么办？""患上重症疾病怎么办？"等各种用户关心的保险问题展开，在利用真实案例传达温情时，提示用户选择该企业的保险产品，如图5-19所示。

图5-19　视频号"平安人寿"的主页面

通过这种方式，中国平安人寿拉近了与用户之间的距离，在用户心中留下了良好印象，使其品牌影响力不断扩大。

当用户信赖一个企业品牌时，就会忠诚于这个品牌，视频号就是企业品牌的孵化器，是助力企业实现商业变现的"核武器"。

后　记

这本书最早的思路来自于我自身对于视频号发展的预判与实践。

此前，我对短视频领域并不了解，随着时代的发展，当我领悟到短视频已经成为主流内容平台时，抖音、快手等平台的红利期已过，想要进入这些平台并做出一番成绩，显然已经不太现实。

恰好视频号的出现缓解了我对于行业变迁的焦虑，我有了一个新的发力平台。进入视频号后，我发现其中蕴藏的红利比我想象的还要多。视频号与公众号、直播、小程序、社群等诸多微信生态圈中的功能一起运营，形成了一个绝佳的循环流量圈。

与此同时，我到全国各地去讲课，告诉运营者如何持续增长，却有很多运营者向我询问，"朱老师，什么时候能讲讲视频号？""朱老师，您看现在视频号是风口吗？"诸如此类的问题令我不得不深思，运营者对于视频号究竟是何物，以及能否在视频号上变现充满了好奇。

恰好出版社的编辑老师向我约稿，希望我在新媒体发展领域能够打造一本热门书籍。于是，我便想到以视频号为主题，打造一本全新的且前所未见的书籍，以解答运营者的诸多疑惑。

于是，我开始大量搜集与视频号有关的资料，深入分析自身视频号运营的经验，并不断观摩那些在视频号上取得优越成绩的"大V"，在学习与实践相结合的过程中形成了对视频号较为全面的认知。我惊喜地发现，视频号对于各个行业而言，都是一个十分有用的引流利器。

以我最熟悉的教育行业为例，视频号是一个绝佳的"增粉"武器。

2020年年初，许多线下教育转为线上教育。在这个过程中，许多用户的学习习惯被改变，人们开始尝试网络课程，尝试着通过视频学习知识。这无疑为教育行业进军线上提供了机会，也降低了通过视频号运营教育类账号的用户习惯培养难度。

在这一大环境背景下，线上教育行业开始如雨后春笋般冒出。此时，如何为自身的教育课程引流成为关键问题。

而视频号的推荐机制很好地解决了这一问题。首先，视频号的社交推荐机制，使得我在运营视频号初期，便拥有了可观的数据表现。在发布一条视频号内容后，我会利用"微信三件套"（好友、社群、朋友圈）进行广泛转发，获得基础好友流量。其次，通过地理位置推荐机制，我收获了来自附近用户的点赞、评论，还有一些用户购买了我的相关课程。最后，好的内容是经得起时间考验的，我发布的知识性短视频内容，在视频号上会慢慢发酵，吸引了众多对该知识感兴趣的用户。

"管中窥豹，可见一斑"，视频号赋予教育行业的红利并非特殊现象，而是对所有类型内容的全力扶持。微信将视频号打造成整个微信生态圈的入口，既吸引用户进入，也欢迎运营者参与，这将是所有内容运营者的新舞台。

2021年3月20日

朱少锋